U0718016

书淫艳异录

［乙编］

叶灵凤　著　张伟　编

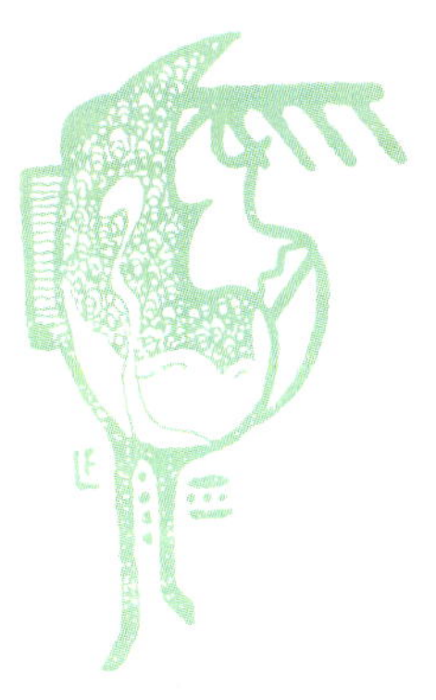

海峡出版发行集团｜福建教育出版社

图书在版编目（CIP）数据

书淫艳异录/叶灵凤著. —福州：福建教育出版社，2013.1（2013.3 重印）

ISBN 978-7-5334-5937-6

Ⅰ.①书… Ⅱ.①叶… Ⅲ.①性—风俗习惯—世界—文集

②文学研究—世界—文集 Ⅳ.①K891.29-53②I106-53

中国版本图书馆 CIP 数据核字（2012）第 195593 号

书淫艳异录

著作者：叶灵凤著

　　　　张　伟编

策划编辑：林冠珍

责任编辑：苏碧铨

美术编辑：季凯闻

封面设计：小编 su

出版发行：海峡出版发行集团 福建教育出版社（福州梦山路 27 号）

邮编：350001　电话：0591—83706771　83733693

传真：83726980　网址：www.fep.com.cn

出版人：黄　旭

发行热线：0591—87115073　83752790　010—62027445

印刷：北京东君印刷有限公司（北京大兴黄村镇三间房村委会北 500 米　邮编：102600）

开本：890 毫米×1240 毫米　1/32

印张：17.25　插页：7

字数：285 千

版次：2013 年 1 月第 1 版　　2013 年 3 月第 2 次印刷

书号：ISBN 978-7-5334-5937-6

定价：58.00 元（全二册）

乙编目录

以上载香港《大众周报》1943～1945 年 1 卷 1 期～4 卷 17 期

小引

十年前，在上海曾用这题目为某报写过一些短文，每天一篇，杂谈男女饮食，乃至荒诞不经之事，有的录自故纸堆中，有的却摘自西洋专门著述，一时嗜痂的读者颇多，许为别有风味之作；好事之徒，更互相抄剪，打听这赅博的作者是谁。其实我不过是爱书有癖，读书成性，见有这类材料，随手摘录，杂凑成章而已，不仅不足道，而且是不足为训的。不料十余年来，时时还有人以这类文章有否存稿见询，最近《大众周报》的编者，更异想天开，要求我重整故业，为他们新办的周报再写一点“书淫艳异录”之类的东西撑场面。我对于文章一道，虽然洗手颇久，可是朋友终是朋友，盛情难却，而且年来侧身“大东亚共荣圈之一环”的香港，“六两四”之余，有时闲得难受，有时饿得几乎不能安贫，便只有拼命的买旧书，读旧书，正如宋人某氏所谓：“饥以当食，寒以当衣，孤寂以当友朋，幽忧以当金石琴瑟。”如果一定要献丑，则读书之余，随手摘录几句，虽不能歌功颂德，骗骗读者倒是绰然有余的，这样既可以敷衍朋友情面，又可以换几丹军票买“黑市米”，何乐不为呢？思之再三，遂决意再作“书淫艳异录”。

不过，十年飘泊，书剑无成，“南渡衣冠几人在，西山薇蕨此生休”，到头来还是写文章骗稿费买米，思想起来叫人好不凄凉煞也！正是：

“五十无闻，河清难俟，书种文种，存此萌牙；当今天翻地覆之时，实有秦火胡灰之厄；语同梦呓，痴类书魔；贤者悯其癖好而纠其缪误，不亦可乎。”

（原载 1943 年 4 月 3 日香港《大众周报》第 1 卷第 1 期）

真腊异俗

元周达观所著《真腊风土记》，其中有关性风俗者颇多。按真腊即今越南柬埔寨，古称扶南，又称占婆。近年曾因发现佛教艺术遗迹为世人所注意。元朝元贞初年，曾遣使招降，周达观随行，在那里住了三年，这《真腊风土记》便是旅居的见闻录。所记自然是“耳食”居多，当然不甚可靠，有时武断，有时又过甚其词。今摘录有关性风俗者数则列下，好事者若将这种资料与该地现今的习惯比较一下，以见风俗变迁的经过，倒也是一种学问也。

关于洗澡的情形，周达观记云：

真腊地苦炎热，每日非数次洗澡，则不可过，入夜亦不免一二次。初无浴室盂桶之类，但每家须有一池，否则两三家合一池，不分男女，皆裸形入池，惟父母尊年在池，则子女卑幼不敢入，或卑幼先在池，则尊长亦回避之，如平辈则无拘也，但以左手遮其牝门，入水而已。或三四日，或五六日，城中妇女三三五五，咸至城外河中漾洗，至河边脱去所缠之布而入水。会聚于河者，动以千计，虽府第妇女亦预焉，略不以为耻，自顶至踵，皆得而见之。唐人暇日，颇以此为游观之乐。闻亦有就水中偷期者，水常温如汤，惟五更则微凉，至日出则复温矣。

关于奴婢者：

人家奴婢，皆买野人以充其役，多者百余，少者亦有一二十枚，除至贫之家则无之。盖野人者，山野中之人也，自有种类，俗呼为撞贼，到城中亦不敢出入人之家。城间人相骂者，一呼之为撞，则恨入骨髓，其见轻于人如此。少壮者一枚值百布，老弱者止三四十布可得。只许于楼下坐卧，若执役方许登楼，亦必跪膝合掌顶礼而后敢进。呼主人为巴驼，主妇为米。巴驼者父也，米者母也。若有过挞之，则俯首受杖，略不敢动。其牝牡自相配偶，

> 主人终无与之交接之理。或唐人到彼久扩者不择，一与之接，主人闻之，次日不肯与同坐，以其曾与野人接故也。或与外人交，至于有妊养子，主人亦不诘问其所从来，盖以其所不齿，且利其得子，仍可为异日奴婢也。

关于“初夜权”，所记尤详，周达观说，这种由僧人执行初夜的仪式名为“阵毯”，这二字涵义不详，也许是当时真腊的方言吧。

> 人家养女，其父母必祝之曰，愿汝成人，将来嫁千百个丈夫。富室之女，自七岁至九岁，至贫之家，则止于十一岁，必命僧道去其童身，名曰阵毯。盖官司每岁于中国四月内，择一日颁行本国，应有养女当阵毯之家，先行申报官司，官司先给巨烛一条，烛间刻划一处，约是夜，遇昏点烛，至刻划处则为阵毯时候矣。先期一月或半月，或十日，父母必择一僧或一道，随其何处寺观，往往亦自有主顾。向上好僧皆为官户富室所先，贫者亦不暇择也。官富之家，馈以酒米布帛槟榔银器之类，至有一百担者，值中国白金二三百两之物，少者或三四十担，或一二十担，随家丰俭。所以贫人家至十一岁而始行事者，为难办此物耳。亦有舍钱与贫女阵毯者谓之做好事，盖一岁中一僧止

可御一女。僧既允受，更不他许。是夜大设饮食鼓乐会亲邻，门外缚高棚装塑泥人泥兽之属于其上，或十余，或止三四枚，贫家则无之，各按故事，凡七日而始撤。既昏以轿伞鼓乐迎此僧而归，以采帛结二亭子，一则坐女于其中，一则坐僧其中不晓其口说何语，鼓乐之声喧阗，是夜不禁犯夜。闻至期，与女俱入房，亲以手去其童纳之酒中，或谓父母亲邻各点于额上，或谓俱尝以口，或谓僧与女交媾之事，或谓无此，但不容唐人见之，所以莫知其的。至天将明时，则又以轿伞鼓乐送僧去。后当以布帛之类与僧赎身，否则此女终身为僧所有，不可得而他适也。余所见者，大德丁酉之四月初六夜也。前此父母必与女同寝。此后则斥于房外，任其所之，无复拘束提防之矣。至若嫁娶，则虽有纳币之礼不过苟简从事，多有先奸而后娶者，其风俗竟不以为耻，亦不以为怪也。阵毯之夜，一巷中或至十余家，城中迎僧道者交错于途路间，鼓乐之声，无处无之。

达观又记有一条关于真腊女性产后的怪风俗，显然又是过甚其词了。

番妇产后，即作热饭抹之，以盐纳于阴户，凡一昼夜

而除之，以此产中无病，且收敛常如室女。余初闻而诧之，深疑其不然，既而所泊之家，有女育子，备知其事，且次日即抱婴儿，同往河内澡洗，尤所怪见。又每见人言番妇多淫，产后一两日即与夫合，若丈夫不中所欲，即有买臣见弃之事。若丈夫适有远役，只可数夜，过十数夜，其妇必曰：我非是鬼，如何孤眠，淫荡之心尤切，然亦闻有守志者。妇女最易老，盖其婚嫁产育既早，二三十岁人，已如中国四五十人矣。

又有一则“异事”，则更显然是耳食之谈：“东门之里，有蛮人淫其妹者，皮肉相粘不开，历三日不食而俱死。余乡人薛氏旅番三十五年矣，渠谓两见此事，盖用其圣佛之灵，所以如此。”

可靠的，倒是关于真腊宫庭［廷］妇女一设生活及衣饰的记载，如下列一则：

人但知蛮俗人物粗丑而甚黑，殊不知居于海岛村僻，寻常闾巷间者，则信然矣，至如宫人及南棚（原注：南棚乃府第也）妇女，多有莹白如玉者，盖以不见天日之光故也。大抵一布经腰之外，不论男女，皆露出酥胸，椎髻跣足，虽国王之妻，亦只如此。国王凡有五妻，正室一人，

> 四方四人，其下嫔婢之属，闻有三五千，亦自分等级，未尝轻出户，余每一入内，见番主必与正妻同出，乃坐正室金窗中，诸宫人皆次第列于两廊窗下，徙倚窥视，余备获一见。凡人家有女美貌者，必召入内，其下供内中出入之役者，呼为“陈家兰”，亦不下二三千，却皆有丈夫，与民间杂处，只于脑门之前削去其发，如北人开水道之状，涂以银砾及涂于两鬓之旁，以此为陈家兰别耳，惟此妇可以入内，其下余人不可得而入也。内宫之前后，有络绎于道途间。寻常妇女椎髻之外，别无钗梳头面之饰，但臂中带金镯，指甲带金指，甚且陈家兰及内中诸宫人皆用之。男女身上常涂香药，以檀麝等香合成。家家皆修佛事，国中多有二形人，每日以十数成群行于墟场间，常有招来唐人之意，反有厚馈，可丑可恶。

不用说，最后几句又是作者的“武断”，而且颇有自作多情之感。据我推测，周达观的所谓“二形人”，也许是妓女在性器官所作的种种畸形装饰而已。

英国著名的民俗学者弗列采，在他的大著《金枝》中，也曾提到柬蒲寨的性风俗。据他说，柬蒲寨的少女，到了春情发动期，第一次月经来潮时，便要回避家人，隐居若干时，贫家

只躲在蚊帐内，富家则另造一室，隐居的时间长短不定，有的数日，有的一百日，有的甚至数年。在这期内，不吃肉食，不见生人，只有在遇到日蚀的时候才可以出外。据弗氏的解释，这种少女在月信初来时的回避风俗，近东和南洋一带许多民族都流行，这因为原始人对于月经最忌讳，尤其是少女第一次的月经，又因了深信女人可以从太阳光线的照射而受孕，所以必须回避若干日，只有在日蚀的时候才可以出来。按希腊神话中曾记载达娜伊女神被预言将为她的儿子所杀，她父亲便将她幽闭在铜塔内，不见男子，以免生育，可是大神宙斯看中了达娜伊，他便化身为日光，从窗缝中偷进去和达娜伊发生关系，使他［她］受了孕。可见这迷信的来源已经很古老了。

关于太监

清代笔记记载纪晓岚这样一个逸话者很多：

纪晓岚最爱说笑话。他有一天入朝，路上遇见一个太监，拦着去路，要他说一个笑话才放他过去，于是纪晓岚便说：

“从前有一个人……”说了这一句便停住，许久还不接下去说。

“下面怎样呢？”太监不耐烦的追问。

“下面吗？下面没有了！”纪晓岚说了哈哈大笑，一溜烟闯过去了。

“下面没有了”这句话，可说是对于“太监”这名词最通

俗最恰当的解释。太监，文雅一点称作“宦官”，更古雅些也可以称作“寺人”，“黄门”；至于“阉人”，“珰”，“竖”，旧籍上也用来称呼太监，但大都是恶意的了。

“下面没有了”的太监，便是受过宫刑的男子。宫刑为中国古代五刑之一，“墨，劓，剕，宫，大辟”是谓五刑。宫刑亦称“腐刑”，《书》上的注释是：“宫，淫刑也，男子割势，妇人幽闭。”疏解更说：“男女不以义交者，其刑宫。”不过这里要指明的一点，太监之受“宫”刑，被割去“那话儿”，与一般犯风化罪者不同，并不是一种处罚。从专制的立场上，这还是一种“恩典”，故太监之受这种手术，还美其名曰：“净身”。

中国号称有五千年的文明历史，但据说这残酷不人道的太监制度，至少也有了三千年历史，这真是由来久矣。明张萱在所著《疑耀》上说：“余阅《黄帝针经》，帝与岐伯论人不生须者，有宦不生须之语，则黄帝时已有宦者。”不过黄帝的《灵枢经》，《素问经》，据说皆是后人伪托的，所以黄帝时已有宦官这句话未免不甚可靠。又有人说，尧舜时代已有“五刑”，即使没有太监，这种被宫的“准太监”大概已经存在了。但周朝已经建立太监制度，却是确定之论。《周礼·秋官》云，“宫者使守内”，郑玄注解说：“以其人道绝也。”又《后汉书·宦者列传》序上说："周礼，阍者守中门之禁，寺人掌女宫之戒。"这都是太监已经存在的证据。

不过，这一份光荣的遗产也许不应由中国承受。因为除了东方以外，西方国家在古代也有太监。最文明的希腊就是其一。希腊人提到太监，还推誉这是从古代巴比伦传下来的聪明方法。近东的波斯后宫，粉黛三千，都是由身强力大的太监服侍。凡是读过《一千零一夜故事》的人，该都知道太监在近东古代宫庭［廷］生活中所占的地位。至于一般原始宗教仪式，有些男子在宗教的狂热之下割去生殖器献给神作牺牲，终身作祭司，执行神权，这虽近似太监，但事实上又当别论了。

太监最显著的生理变化，就是经过阉割手术后，不再生须，声带也变了，而且据说性情也变得阴戾残忍。虽然没有"传家接代"的希望，但是"干儿子"是有的，笔记小说上还说有些太监在宫外居然讨老婆，过着变态的夫妇生活。但太监最普遍的罪恶还是作威作福，欺上凌下，贪赃误国。过去的历史家甚至将亡国的原因都归罪到太监身上。

太监在中国历史上虽然占着这样重要的地位，可是关于太监的有系统的记载简直没有，更谈不到研究了。有的，只是零星记载他们如何作恶把持，或是记述他们宫内所担任的职务而

已。至于关于这具有三千年历史的怪物如何形成，他们的生活，归宿，以及出身和由常人变成“太监”的经过等等，都没有可靠的研究资料，也许这话题谈起来要涉及宫闱，过去的好事家都避而不敢谈了。

“太监”在过去中国已形成一种专门职业，（因犯罪处宫刑而被罚充太监者是另一回事），大都自幼便“净身”，历来太监的出产地和籍贯不大知道，只知道明朝的太监都是出自福建某地，清朝则从直隶的河间选用。太监的制造方法不大清晰，但想来必定是十分残酷而无人道的。徐珂的《清稗类钞》，关于“阉寺类”有这样的记载：

> 历朝宫中使令，任用阉宦，此举最贼人道，为我国数千年来相传之粃政。阉宦类多河间人，既选为内侍，则被宫。惟阉割之后，须居密室，避风百日，露风即死，无药可疗。又须选取未成童者为之。壮者受宫，多危险。宫后，即声雌颔秃，髭须不生，宛然女子矣。

又说：

> 律例杂犯门，新进太监，由内务府验明，年在十六岁以下，并未娶有家室者，交地方熟火两处首领太监管教。其已有家室者，则给与各王公。

至于怎样“阉割”，则不见纪载，宋长白《柳亭诗话》有一则谈到这事，但也指施行手术后的反应：

明制，小阉服药后过堂，令诵二月二十二一句，验其口吃与否。此五字见李义山诗：二月二十二，木兰开折初。服药者，初为椓人也。

太监的来源，除了志愿者，罪犯以外，还有以俘虏充用，《峤南琐记》载：

汪直，藤峡猺人也，藤峡平后以俘人。初正统间尝令南方征剿诸峒，幼童十岁以下者毋杀，割去其势，不死则养之，以备净身之用，此真所谓刑余也。

中国古代以“宫刑”处罚罪人，除因了风化关系，或如上述的将俘虏改造“太监”以外，还施之于读书人以及朝中大臣，最著名的案件是著《史记》的太史公。这种刑罚又名曰“下蚕室”。所谓“蚕室”，据《汉书》上说的是：

诏死罪系囚，皆一切募下蚕室。蚕室，宫刑狱名，被刑者畏风，须暖，作窨室蓄火如蚕室，因以名焉。

司马迁下蚕室的原因是因了他“直言被忤”，李陵降了匈奴，司马迁为他辩解，因此触了帝怒被下蚕室，有人还说他的《史记》是在狱中写的。

明朝还有一位御史因了一首诗泄露“宫闱心事”被下蚕室，据蒋一葵的《尧山堂外纪》上说：

> 洪武间，金华张尚礼为监察御史，一日作宫怨诗云，庭院沉沉昼漏清，闭门春草共愁生，梦中正得君王宠，却被黄鹂叫一声。高帝以其能摹写宫闽心事，下蚕室死。

因了一首诗而被割去“那话儿”，未免太不值得了，而明代帝王的猜忌和残酷，也由此可见。

再谈太监

德国自国社党秉政后，厉行种族政策，凡足以妨碍民族繁殖或种族健全者，不论男女，都要处罚，为了贪图逸乐的堕胎和生育节制固然禁止，一九三三年十一月更公布法律，凡犯有不正当之性行为者，都一律处以宫刑。所谓不正当的性行为，除了一般违反风化的奸淫外，还包括了当时正流行于德国秘密社会阶层的“同性恋爱”。记得上述法律公布后不久，国社党的冲锋队曾突然搜查各秘密结社的俱乐部，捕去大批“同性恋爱者”，其中甚至包括若干国社党重要干部在内。据后来柏林所发表的情报：“因犯有不正当之性行为而照去年十一月二十

四日颁行之律处以宫刑者，共一百十一人。所有各犯均将在茅比特医院中施用手术，约每人八分钟即可竣事，纯以科学方法行之，受刑者于施用手术后将由医生看护数月，在此期内将摄影以志其生理上之发展，并将灌音以察其喉音之变迁。”（据当时路透社电译文）

读者不要误会，以为德国自颁布这条法律后，国内将突然出现了许多太监，其实并不是这样一件事。中国古代的宫刑究竟怎么样执行，虽然没有可靠的资料可供参考，但关于太监的“净身”期间，据记载既然要“须居密室，避风百日，露风即死，无药可疗”，又说“须选未成童者为之，壮者受宫，多危险”，看情形，这“净身”的手术大约是极残酷的一刀将那话儿连根割去，涂卤些药包扎起来，听其自生自灭，能够捱过的是运气，不能捱过的是活该。但这也只是我的揣测之辞。北平一带还有不少太监残存着，也许将来有机会去作一次“实物”的考察吧。

至于上面所说的德国处分不正当性行为罪犯的宫刑，决不是像中国过去制造太监所用的这样野蛮方法。据我的观察，这种处分，大约只是用手术停止其生殖机能而已。一个国家为了维持民族健康和血统的纯粹，对于违反风化贪图逸乐的性行为罪犯，褫夺其生殖机能，实是极合理极科学的处置。德国是科学先进国，所采取的或者就是这方法。这种现代科学的阉割手术，在男子方面只是摘去睪［睾］丸，缚束输精管，在女性方面是割去卵巢。现代设备稍佳的外科医院大都能执行。许多身体健康状况不良或是不适宜生育的人，都花了巨大的手术费请医生开割，因此这种现代的“宫刑”并不一定是惩罚罪犯才施用的。

不过，经过阉割手术，割去生殖腺的人，虽不一定成了“太监”，但类似太监的生理上的变化，却是难免的。前面所说的德国对于施行宫刑的罪犯，“将由医生看护数月，在此期内将摄影以志其生理上之发展，并将灌音以察其喉音之变迁”。就是说明受刑者生理上必然要发生变化，于是利用这种处罚罪犯的机会，同时作学术上的研究。

关于阉割后生理上的变化，成人不及儿童显著。美国的费尔丁氏在他的《恋爱与性机能》中曾有浅近的说明：

> 由于卵巢对于不同原因的疾病有着更易的感受性，足以女子接受生殖腺摘除手术者比男子更多。这种手术不时都在医院或妇科病床上施行。为了方便，外科医生有时允许将两个卵巢之一或全部剩余少许，以便身体内仍有生殖

腺贺尔蒙的供给，这样，病人能在可能的限度内继续保存她女性的特质。卵巢全部摘除者便要发生性特征萎缩的现象，可是因了受术者大都是已成熟的妇人，因此构成这种机能的组织退化过程便很缓慢，于是它的结果便没有像施于未届青春期或青春期少女者显著。对于后者，便要在性格上发生本质的变化，成为男性型的女性。（原书第二章）

在这同一书内，费氏对于从早年便被全部摘除生殖腺贺尔蒙的太监的生理上的变化，也有所说明：

从早年并且永远被剥夺生殖腺贺尔蒙分泌的影响，可以从太监身上看到，据专家研究的结果，他们一般的特征是：心力迟钝，畏缩，缺乏进取心，自私，嫉妒，幻想，倾向神秘性——一种孩气与中间性的混合。当然，也有例外，有些太监在军事或政治上占到有权威的重要职位。这种例外的解释是，这可能是由于阉割手术的不周到——举例说，如一枚幸免刀圭的缩进体内的睪［睾］丸——使别种腺发生了补充作用，结果便产生了完善的机能。

从上面的解释，我们可以恍然于历来关于太监的描写，为什么多是贪婪奸恶的原因，而且也可以明白传说有些太监虽不能“人道”，也居然“娶妻”，收干儿子，都是残留在身体内的生殖腺复活了作怪。

中国历史上太监作祸最烈的大约是明朝，魏忠贤之流，不仅蒙蔽宫闱，把持朝政，欺辱大臣，甚至还收买读书人，在南北各地建立生祠四十座，私通皇帝的乳母容氏，东林党的大狱便是魏忠贤一手作成的。

清代著名的太监有安得海，李莲英，小德张等。被慈禧太后所宠爱的李莲英，更是中外驰名，不仅不把朝中大臣放在眼里，就是退位的光绪皇帝，也不时暗中吃他的大亏。

清朝的太监，官职不得过四品，有顶戴的称老爷，无顶戴的称师父，但一般都称公公。太监夏天的服饰是葛布箭衣，腰紧白玉钩黑带，另有总管太监。清代也许鉴于明末的阉祸，最初约束太监很严厉，在宫内交泰殿立下铁牌，不许内官干预政事，官阶不得过四品，稍不遵旨，立时廷杖或磔死，但后来渐渐的放纵了，红极一时的李莲英，甚至蒙赏“二品顶戴”。

清高宗（乾隆）待太监最严，凡参预宫中奏事之太监，一律改姓王，以免外间有人从中贿赂。

兹选录几则清代太监骄横作恶的逸事于下：

戴文节公在南书房时，不善事太监，一日，题画，误一字，道光令内监持令改之，内监至，但令别书，而不告

以故，戴遂别写一幅，而误字如故，上以为有意怫忤，遂撤差。

李莲英雅善音律，工演山门伏虎别母惨睹等剧，演京剧亦佳，能串须生老旦黑头，而黑头戏尤擅胜场，沪上名净刘寿峰，即其徒也。一日，李在宫中串演黄金台之田单，光绪亦在座，当查夜猝见太子时，飞足踢灯笼，用力过猛，致灯笼飞落前庭，中光绪额，帝大怒，命笞四十，李跪而哭，孝钦后为之缓颊曰，此误伤也，当曲恕之，命叩头求主子开恩，光绪挥手命去，遂不欢而散。

李文忠公鸿章由直督入相，自负勋劳，遇同辈，恒兀傲视之，人多慑其名位，弗与较也。尝失礼于李莲英，莲英啣之，一日语文忠曰，老佛爷欲修颐和园，但国帑支绌，不欲拨款兴修，公为国家重臣，何不报效为诸臣倡。文忠欣然诺之。莲英复曰，吾先导公入颐和园，验其应修之处，庶入告时较有把握。文忠信之，莲英乃使人导入，而乘间奏其擅入禁地，不知何意。德宗大怒，下诏申斥，交部议处。

光绪中叶，李莲英恃宠滋甚。仪鸾殿侧有斗室，为大臣内直憩息之所。一日，李在此室，于玻璃窗中，见大学士福锟将至，故含余茶于口，俟福至，甫及帘，李骤揭帘，对福喷茶，若吐漱然，淋漓满面，亟笑谢曰，不知中堂到此，殊冒昧，福无可如何，徐徐拭干而已。

一得宠的太监可以这样将大臣作弄，其他的事可想而知。据传庚子拳匪之乱，慈禧太后西幸，陕西抚台办理行宫差事，为李莲英备行馆，器具一切，均极精洁。前站某亲王见之曰，此岂可居李总管耶，命速更易，须与办老佛爷（指太后）者一律，但黄缎铺垫，改用红缎可耳。

民国成立后，旧时的太监依旧住在故宫里，直到民国二十三年才给冯玉祥撵了出来。不用说，他们的生活一定很清苦。回想前朝的繁华，也许还在做着过去黄金时代的梦。可惜不大有人注意这一批被时代所淘汰的渣滓，因此他们“失业”后的生活情形究竟如何，也就没有人知道。我只从英国作家席特威尔所写的北京游记（一九四零年出版）中，读到他曾对北京的太监们加以访问，知道他们都住在北京郊外某处的太监祠堂里，苟延残喘，度着无聊的日子而已。而作者笔下所描写的这一批老太监们唠叨好奇的情状，恰好证实了那些性科学家研究所得的结论。

十三与礼拜五

数目也有性别。一般的说来，单数是男性，双数是女性。世界各种不同民族的歌谣风俗和迷信，对于这分类差不多是一致的。中国的八卦，也以单数代表“乾”，双数代表“坤”。

过去的社会大都以男性为中心，因此在数目上，象征男性的单数便被认为是吉祥的，幸运的；代表女性的双数则认为比较的不吉利。直到今天，医生给病人吃药，大都注明“每天三次”。这数字的运用，并非因为我们恰巧一天吃三顿饭，而是信仰单数是吉利的这迷信心理的残留。

在这迷信上，同样是单数的“十三”却被西洋人认为特别不吉利，并不是例外，却自有其来源和根据。

据一般的研究，初民的智慧，发展到知道计数的阶段时，是以一到五为开始的。这就是说，用右手去数左手的手指，发明了一到五的计算法。因为必须用一只手去算另一只手的手指，人虽然具有十个手指，但六到十的计算，却是隔了相当时候才再发明的，这已是智能进一步的表示了。再进一步，计算十一与十二，虽然可以移动左右脚来确定这数目，但必须运用“心算”。这已经到了智能的顶点，再进一步，计算十二以上的数目，智慧有限的初民便不能不感到惶惑了。这就是“十三”这数目最初成为问题，被认为是一道难关的开始。

最初，“十三”被认为是十二以上的一切未知数的代表，未知的东西大都是神秘的，而且包含着危险性，因此这数目就成了不吉的数字。

不吉的仅是“十三”这数目本身，并不是“十三”所代表的任何物件。举例说，第十三号的房屋，事实上分明是第十三座，但因为门牌的号数被编为“十二乙”或“十四甲”，住客便毫不在乎了。

著名的历史家韦尔斯□□□□□□□□□□□□数学的，因为人类□□□□□□□□□□□□□□□□，如二六十二，

三四十二□□□□□□□□□□□□□此对这数目便开始没有好感。可是□□□□为这□□过于“近代的”，头脑简单的初民没有这精细的憎爱。

许多人都认为“十三”的忌讳与《圣经》上的“最后晚餐”有关。不错，耶稣被钉上十字架之前的最后一次聚餐，十二个门徒和一位先生，数目上虽恰是十三个人，但要知道耶稣和十二个门徒在一起聚餐，这一次并不是唯一的一次。在这最后的晚餐之前，他们十三个人必然早已在一起吃过许多次了，还有，在耶稣所生活的时代以前，人们对于“十三”这数目已经加以忌讳。

和十三相同的，在日期上被认为最不吉利的数字是“礼拜五”。迷信最多的爱尔兰人甚至不肯在这一天随便的开门，因为万一开门第一个见到的是陌生人，便等于见到了“鬼”，因为魔鬼据说会在礼拜五这一天变人形的。匈牙利人计算自己的生辰，如果这一年的生辰恰巧在礼拜五，他们便要撕一块自己的衣裳，蘸一滴自己的指血，一同加以焚化，便可以毁灭了这一年的恶运。

如果要想知道人们怎样忌讳礼拜五，请看下面这有趣的现象：据从法院罪犯供词上所得的统计，在礼拜五这天犯偷窃者绝无仅有，因为窃贼迷信礼拜五行窃最容易被破获的原故。

《圣经》上的一切不吉事件，如耶稣被钉十字架，希律王的婴儿屠杀，该隐杀死亲兄弟亚伯，都发生在礼拜五。更有，有人考证夏娃引诱亚当吃禁果的日期也恰是礼拜五——如果确是这样，人类祖宗第一次犯罪也是在礼拜五，则“礼拜五”的被咒诅真是活该了。

十三再逢到礼拜五，不用说，这数字是不吉利中的最不吉利。但奇怪的是，对于恋爱，许多不同的民族都不约而同的迷信这两个数字是最吉利的。

伦敦的娼妓

英国的娼妓，尤其是伦敦的娼妓，正与一般英国人的气质相调和，是粗俗而且令人齿冷的。有人将伦敦的娼妓与欧洲大陆的娼妓，作一番比较，所得的结论是：

“没有一个欧洲的大都会，是像伦敦这样，其社会被紧紧的包围在罪恶与荒淫之中。伦敦所见的一切，在欧洲任何最罪恶的城市中也不曾经验过。”

俄国塔罗斯基博士在他的名著《娼妓与禁娼论》中说，在欧洲的各都会中，从没有像伦敦的娼妓这样使人齿冷的。奥国的胡格尔氏，在《娼妓的历史，统计和取缔》中也说，没有其他国家的卖淫事业，是这么卑鄙而充满兽欲的。

关于伦敦娼妓的数字，各方面所作的统计殊参差不一。这是因为要从任何一个大都会中获得这方面的正确数字，几乎根本不可能，何况伦敦更是世界一个最大的城市。此外，因了英国对于卖淫事业，不像欧洲其他国家那样采取一种严格的统制制度，因此正确的公娼数字根本没有，私娼更不用说了。

据亚钦荷尔兹氏研究，伦敦娼妓的类型，大约有如下数种：最下等者，共同住在一起，有一个老鸨管理，由她供给衣食，她们的行动是不自由的，因此时常有带了衣饰卷逃的事。逃出以后，她开始自己营业，即转入另一种类，若是生意好，她还可以维持生活。若是生意不好，她不得不借债，终于因了欠款而被控入狱。这种娼妓唯一的权利，是她可以选择自己的客人，不像在老鸨管理之下，要接受她的支配。当然，在这两种之中，本身又分为若干等级。最上等的娼妓，她们有自己独立的住宅，至少是在上等住宅区域分租若干房屋。她们的房租往往出得比一般人的高，因此有些规矩人家很乐意分租给她们，而且往往将最好的房间和家具出借。据说，如果没有这些娼妓，伦敦西区住宅区将有几千间房屋被空起来。在人口最密的玛利莱本区，据几年前的统计，共有娼妓一万二千名，其中一千七百名是有独立住宅的。

这些娼妓的来源，据莱安氏在《伦敦的娼妓》一书中所举列，不外是这些人的化身：女裁缝，草帽制造女工，女毛皮匠，缫丝女，刺绣女工，女鞋匠，一般家庭手工业的女工，各种女招待。此外，最好的生力军是初次来到这大城市谋生的乡下姑娘。她们立刻被人家所包围，最初一切似乎全然出于好意的招待与帮助，可是不久就露出了真面目，将她们诱上卖淫的途径。

此外，还有更惨痛的补充者：贫穷人家的女儿。据莱安氏报告，有一个名叫戴维斯的人，有十三个女儿，为生活所迫，他使她们全部做了娼妓。

伦敦娼妓的活动情形，亚钦荷尔兹氏的报告写得颇有趣：

天一黑了之后，这些女子就不分寒暑的充满了各大街和广场。大部份穿的都是租来的衣服，那些鸨妇为了预防损失起见，时常雇了用人跟在这些女子后面。如果单身回来，一无所获，她们便要受虐待而且挨饿。因此她们不得不实行拉人。上等一些的则要等候旁人先向她们开口，有许多住在冷落区域的家庭妇女，因了无人识破她们，也来到这些热闹区域兜揽生意，有的为了金钱，有的为了享乐。最使人惊叹的是，有些八九岁的小女孩也居然置身其间，更使人惊叹的是：居然也有毫无心肝的男子招呼她们。午夜过后，年轻姑娘不见了，六十岁以上的乞丐婆开始在街头出现，她们所守候的是烂醉如泥的醉汉。为了要解决被酒精所煽动的肉欲，这些人一切都不暇选择。

新来的娼妓，如果没有恶势力的庇护，很难在热闹地段获得她的立脚地。为了地盘的攘夺，两个娼妓吵闹时常需要警察来干涉。

盐的风俗和迷信

人类以盐作为调味品，其动机和起源是怎样，人类学者还没有充份的资料可作结论，可能的解释不外是这样：

当人类为了生存竞争，为野兽从森林中所驱逐，开始另觅新居的时候，人类便选择河流水道的附近作家。这样的选择，并不仅是为了饮料关系，而且因为河流是辨别方向的最好的标识。河流从远方的高处便可以看见，一日见到之后，只要沿岸而行，便可以到达目的地。

这些河流都是近海的沼泽地带，因此饮料和食料不可避免的都搀杂了咸味，于是养成了习惯。这习惯几乎成了本能的嗜好。没有“咸”，便等于没有“味”。

对于生命，盐是必需品。可是近代人所吃的盐的份量似乎过多了一点。吃盐过多的流弊之一便是风湿。

许多人要在食物里面调和多量的盐，然后才可以下咽。没有盐，他们便以为“淡而无味”。他们忘记了他们所习惯的味，只是一种年代悠久的嗜好而已。

在古代意大利，如果将盐给朋友的妻子，便等于是一种侮辱，因为这表示你心想和她发生非常的关系。

罗马天主教所用的圣水，其中有盐的成份。教士先将盐和净水分别加以祝福，然后将盐溶入水中，再将这盐水加以祝福，有些地方直接以海水作圣水。

在十三世纪，盐砖曾被当作货币。半磅重的盐砖约值十分钱。

古埃及人相信盐有挑动热情的功效。摩洛哥人相信，如果有什么重要的任务在身，最好放一撮盐在你的口袋里。如果要在黑暗中穿过几间房间，应该握一把盐在手里。这都是相信盐有驱邪的功效。

将盐落在地上，许多人都认为是恶兆。挪威人相信，你一定将因此流泪，直到这些盐足够被你的眼泪溶解才止。盐也认

为是友谊和持久的象征。在食桌上，盐瓶要第一个被放在桌上。动手给旁人的菜里加盐，对于自己是不吉利的。盐被认为是友好持久象征的原因，是因为以盐腌过的食物可以经久不坏。

近东一带也以盐为友好的表示。波斯有一个传说，有一个大盗偷了某王子的许多珍宝，临行时无意踢翻了一缸盐，他的嘴唇尝到了咸味，立刻抛下偷到手的东西走了。

匈牙利人新屋落成之后，一定要在门口洒盐。这样，邪恶便不敢入门。威尔斯人搬家，第一件搬进去的东西是盐。

古印度的迷信很古怪，他们认为盐代表的是善，甜代表的是恶。他们在儿童的糖果中一定要加入一点盐。

在一切游牧流浪民族中，他们都习惯用盐发誓。吉卜赛人是这样，犹太人是这样，亚剌伯人也是这样，这原因是在他们的流浪生活中，最难获得的是盐，因此便以这东西作发誓的见证。

许多地方，在禁食和斋戒期间，不近女色，同时也不许吃盐。某一些未开化民族的少女，在第一次月经来潮时，要独居一屋，只许淡食，禁止吃盐。

盐掉在地下是不吉利的。为了破除这不吉，你该将它们拾起来从左肩向后抛去。为什么要从左肩向后抛呢，这是因为西洋人相信天使站在我们的右边，魔鬼站在我们的左边，将盐从左肩向后抛去，便可以迷了魔鬼的眼睛。

□□□的某些地方，在婴孩初生时，要在他的四周洒一圈盐，藉以抵抗魔鬼，因为他们相传魔鬼在作恶之前，必定要将盐逐粒数一遍，而一圈盐是数不尽的。

迷信也包含幽默。一般西洋人都相信如果在鸟的尾巴上撒几粒盐，你便可以容易捉到它——一个人如果真的相信这迷信，在他的手已经可以触到鸟的尾巴的时候，并不先去捉它，而只是去撒一点盐，这人才是天下第一号的蠢才。

黑白的性纠纷

自从欧洲白种人开始侵略非洲以后，有一个严重问题时常苦恼着这一些殖民地政治家，可是他们又没有勇气敢加以正面研究，这便是白种人与当地黑种土人所发生的性关系。这不仅牵涉道德或尊严问题，而且还牵涉着健康，安全，乃至种族的血统问题。殖民地政治家没有勇气敢触到这些问题，只好装做没有这回事。

可是，事实终是事实。为了好奇心，为了性的满足，为了无可压制的诱惑，不仅白种男子追求黑种女人，甚至白种女人也追求黑种男子！

当然，在非洲的殖民地，尤其是英属殖民地，白人有一个黑姘妇是家常便饭，可是欧洲女子敢于私姘黑人的却是极少数。这里面有种种原因。其一是这里面所包含的危险性太大，黑种男仆和他的欧籍主妇双方都不敢尝试。同时，丈夫监视得又十分严密，而且被允许到非洲这类殖民地去的欧洲女人根本就不多。这是非洲殖民地的白种男子所常说的话："凡是敢同白种女子发生性关系的，一律杀无赦!"他们用这手段恐吓他们的"情敌"，同时也警告他们的太太。可是他们对于自己和黑女人的关系却略而不提。

同样，在殖民地的欧洲女子，对于当地黑种女子的嫉妒，比她们的丈夫对待黑种男子更甚。这种嫉妒和恨恶，并不是由于种族或阶级的偏见，而纯然是基于性的动机，是一种你死我活的斗争。因为欧洲女子知道这些黑种女子是她可怕的劲敌。她们最初以为只有她们能给欧洲男子，能给自己的丈夫以安慰和愉快，现在竟发现这些"污秽，臭恶，丑鄙的婆娘"也能以同样的东西给她们的丈夫，这叫她们怎么不愤怒而嫉妒呢?

据《非洲土人性生活》的著者德国白莱卡氏说，关于黑白人种的性纠纷，其结局时常酿成悲剧。他记载了许多事实为证。

一个英国人有一个黑姘妇。某日，这个英国人的妻子忽然到附近某友人家去小住，准备勾留数日。对于丈夫，这当然是一个绝好的机会，他绝想不到这是妻子故意做成的圈套。他立刻将黑姘妇带到自己的家里，同时自己放怀畅饮，喝得酩酊大醉（据白莱卡氏说，欧洲人大都在喝醉酒之后，才有勇气敢同黑种女人发生性关系）。夜间，妻子悄悄的回来了，她从窗外看见自己丈夫和那个黑种姘妇不堪入目的丑态。盛怒之下，她一枪将那个姘妇打死，随即指挥仆人将尸首抬去埋了。沉醉的丈夫竟一事不知，次日一觉醒来，床上不见了姘妇，枕畔却多了一封信，是他妻子写的，说她决意和他离婚，决无挽回余地。丈夫一声不响，问明了姘妇尸首埋葬的地点，走到墓傍用枪自杀。家中的仆人怕牵连，大家一哄而散，一切均不了了之。

白种女人私通黑种男子虽不常有，但白莱卡氏却举了一个极有趣的例：

某英籍少妇，看中了丈夫所雇的青年黑人，她以极巧妙的方法达到了自己的目的。某日，乘丈夫外出时，她借了学习土语为名，将那个年轻黑人叫到自己的房里。她先问他，土语的“头”怎样说，接着又问，眼，嘴，耳，乳怎样说，一直往下问去，问到了性器官。然后她又指着他的，问他怎样说。学得了这两个名词之后，她便向他说："我的这个要你的那个。"

后来这少妇又私通另一个黑人，为第一个年轻黑人所觉，便乘他们幽会之际，用刀将两人杀死，丈夫回来时，床上横着两个尸首，一黑一白。黑的是家中的仆人，白的是自己的妻子。

黑白的私情纠纷，结果时常都是这样的不幸。也许正因了这原因，殖民地当局更故意抹煞不提了。

哈顿多特裙

哈顿多特裙这名词有两种不同的解释。一种是服装上的，一种是病理学上的。

哈顿多特本是南非洲的一种未开化民族，他们的衣服，尤其是女子的，只是一条七八寸阔，垂在胯间的布片，这便是所谓著名的哈顿多特裙。据《人类婚姻史》的著者芬兰魏斯特玛耳克氏说，哈顿多特女人，对于这一条从腰际悬到胯间的布片，要花费极大的心机去装饰。他引用约翰巴洛氏的话："女人们似乎要用极大的苦心去吸引人们对于她们这一部份的注意。大的金属钮扣，形状古怪的贝壳，以及任何足以吸引人的东西，都被缀在这种裙上”（见巴洛氏所著《北州洲内部旅行见闻记》第一卷一五五页）。

除了这种裙子以外，哈顿多特种族的女人在生理上又有一种特异之处。这种生理上的异状，医学家便名之曰哈顿多特裙。

哈顿多特裙，有些是生理的，有些则是病理的。

据德国克希教授在他的名著《妇人性生活》中说，在一般的生理状态上，女性的生殖器官，大阴唇是隐蔽着小阴唇的，但有些时候，由于种族上的特征，后者会特别扩大而且伸出在外，这种现象以哈顿多特的女人最为普遍，伸出有相当的长度，因此便产生了医学上的所谓“哈顿多特裙”这名称。据说非洲有些种族的女人长到可怕的程度，必须要施行割除手术。

至于病理学上的“哈顿多特裙”症，据奥图氏研究，一共有三种不同的类别：一种是小阴唇肥大症，一种是大阴唇扩张症，一种则是会阴部份发生一种肉瘤，像门帘一样的垂下。除了哈顿多特种族以外，据说土耳其以及波斯的女性也很普遍的有这现象。因了这种生理上的局部肥大症足以妨碍生殖，有些种族便产生一种风俗，对于女子也要施行割礼，将这些发育异常的部份加以割除。

关于这古怪的风俗，费利安氏曾说："十六世纪，葡萄牙派遣到阿比西尼亚的耶稣会传教师，曾经努力要废除这种女子割礼风俗，这在当地认为是回教的一种遗俗；不过，未受割礼的处女，怎样也没有人肯娶，由于她们生理上某一种特异的不方便。教皇特派外科御医前往，调查这事真相，而他们考察报告的结论，竟被承认这种割除手续是必需的。"

戴卫斯氏报告，据苏尼尼氏在下埃及对于当地女子所作的考察，她们的这部份松弛下垂，是一大片平扁的肉，惊人的长而且厚，全然掩蔽了腔口。他相信流传于古代埃及的女子割礼，其目的在割除这扩大症的异物。

病理上的哈顿多特裙症能妨碍生殖，生理上的哈顿多特裙曾也影响女子的性机能发展，使她们不易获得满足，因而流入性欲变态的途径。非洲的黑种人，以游牧为生的种族是奉行女子割礼的，但班图族则否。这种悬挂着哈顿多特裙的班图族女子，她们比游牧民族放荡得多。按照非洲黑人的社会风俗，未婚的〔女〕子是一切自由的，但婚后则须受丈夫的管束。班图族妇人性生活的放诞，使得没有一个丈夫敢信任自己的妻子。对于年轻的妻子或新娘，丈夫甚至要雇用一个小孩终日跟随着她们，加以监视，将她们一切谈话作一个报告。这种放诞的原因便是由于哈顿多特裙作怪。

南地族黑种人对于女子割礼奉行最认真，《非洲土人性生活》的著者白莱卡氏，曾将这事询问当地的一个土人村长，他的回答是这样：

“我们是高贵的南地族，我们不愿我们的女人有这样的家伙在她前面挂着。”

说着，用了鄙夷的表情，他将他的小指做了一个姿势。哈顿多特裙的割除，不仅是与道德和健康有关，有时甚至是基于爱美的动机。

丈母与女婿的禁忌

野蛮社会所流行的各种古怪风俗，其中最使我们觉得有趣的，无过于丈母与女婿之间的种种禁忌。本来，野蛮社会关于婚姻方面的禁忌很多，但最普遍而最使我们不解的，乃是女婿与丈母之间的那种严厉的禁忌。

这风俗的一般现象是这样：凡是男子与某一个女子订婚或结婚之后，对于她的母亲即开始一种禁忌，彼此不能一起进食，不能同住一屋，甚至彼此不许说话，不许见面。有的待生了小孩之后，丈母与女婿之间的这种禁忌即告消灭，有些地方则要终身维持。

对于丈母，有些地方视作仇敌，有些地方又当作神圣。刚果人对于丈母大都没有好感。他们有一句成语："我的丈母向我发怒，可是我并不怕她。我们并不一同吃饭"。非洲徂鲁人则将丈母当作神，用丈母的名义赌咒。

丈母的禁忌大都于男女订婚之后即开始。这风俗最流行的地点是澳洲。据寇尔氏说，男子订婚或结婚之后，对于妻子的母亲即互相避而不见。如果丈母不得不在女婿所在的地点百码之内经过，她一定要用身上的衣服将脸遮住。非绝对必要时，他们彼此从不交谈。就是要说话，他们也用第三人称，避免直接用"你我"，甚或请一位第三者从中传话。澳洲的维多利亚区土人，丈母终身不许与女婿见面，不许谈话。他也不许提起她的名字。

有些地方，女婿不得提起，见到或与丈母同进食。丈母在路上无意撞见女婿，她不能同他说话，她要用她仅有的衣服将自己的头部和乳房遮起。如果她无法回避，而身上又无衣服，她便用一片草叶顶在头上，表示已经回避。让一个男子见到他妻子曾经吮吸过的乳房，在他们认为是最亵渎的事。

在英属哥伦比亚，女婿与丈母互相见面，被认为是犯法的事。他们相信，如果女婿被丈母看见，女婿便要发狂。班雅人

在丈母面前，要缩脚而坐，不许伸脚对着丈母。荷属东印度的西里伯中部，丈母不得与女婿私下说话。

班代族风俗，男女订婚之后即不能在一起进食，直到结婚的筵席上才可以共同进食，可是对于与丈母一同进食，却始终是违法的。这风俗同样的在许多种族中流行。

在荷属东印度的摩陆迦群岛，女婿不可接近丈母。彼此不得提起对方的名字。他只单纯的称她为母亲。他们互相竭力回避。必要时，也只可相隔远远的说话。

当然，在有些地方，这风俗也适用在妻子方面，妻子对于丈夫的父母，或是女婿对于丈人，有时也有种种禁忌，但决不像女婿与丈母之间的禁忌这样普遍。

丈母与女婿之间，为什么会有这种禁忌存在呢？而且这风俗为什么会这样流行于野蛮社会呢？对于这问题，民俗学家有三派不同的解释，第一种认为这禁忌正与初民社会的其他禁忌（塔布）一样，与性的问题有关。乃是为了防止不合法的性关系，换句话说，乃是为了避免乱伦事件。他们这样的重视这问题，乃是因为他们相信一切乱伦事件都要使整个种族遭遇不幸。第二种解释，认为这风俗乃是掠夺婚姻的残留物。在真正的掠夺婚姻时代，丈夫与妻子的家属是仇敌，后来婚姻方式改变了，于是女婿与丈母这种仇视观念也就成为一种礼节。第三种解释，则认为这风俗由于母性中心社会，对于女儿所结识的这陌生男子，开始并不承认其为母系家属的一员，故拒绝一切往来，直到他为女儿养了孩子才承认。

中国也有“丈母看女婿，越看越有趣”的谚语。这“有趣”，虽是为了女儿打算，但也难免有某种野心存在其间，如广东俗语所谓“掘芋头”者。所幸我们并不曾因此而发生了上述的那些古怪的禁忌。

婆罗门房中书

属于达罗毗荼系统的印度文化，不愧为亚洲最古的文化泉源之一，就是关于男女养生的房中著作，梵文典籍中流传至今的，其在理论，风趣，品格方面，也差不多达到了最高点，都是第一流的作品。

迦摩天，义译为欲，是司理男女之欲的大神，婆罗门所诵读的房中书，实际上都是迦摩的经典。相传为伐塞耶耶拉所撰的《迦摩经》，就是其中最著名的一部。

《迦摩经》的著者和著作年代都不详，是韵文体，共有一千二百五十节，共分七卷，每一卷分为若干章若干节，一共有七卷，三十六章，六十四节。

第一卷可说是全书的概论，共分五章。第一章介绍全书。第二章论人世的三大欲望，德性，财富和色欲。第三章是关于六十四种不同的艺术研究。第四章论家庭的陈设布置，日常燕居的享受等等。第五章分析妇女的种类，论何者适合于何种职业的男子。

第二卷为性爱技术的研究，共分十章。第一章论身材，欲望，年龄不同的男女，应如何作适当的配偶。第二章论拥抱，第三章论接吻。第四章论以指甲掐人的种种艺术。第五章论咬人的艺术。第六章论各种不同的男女交欢方式。第七章论打情骂俏的艺术。第八章论女子执行男子职务。第九章论品箫。第十章论如何开始和如何善后。

第三卷是关于娶妻问题的，共分五章。第一章泛论订婚和结婚。第二章论怎样取得女性欢心。第三章论求爱术，如何用动作和姿势来表示自己的情感。第四章论男女双方应怎样去把握对方。第五章论各种性质不同的婚姻。

第四卷是关于妻子的，分两章。第一章论一位贤良妻子的态度，以及丈夫不在家时所应取的生活方式。第二章论大老婆对待小老婆，以及小老婆对待大老婆的态度，又讨论青年守寡

的再醮问题，不为丈夫所钟爱的妻子，帝王的三宫六院，以及有一个以上妻子的丈夫等。

第五卷论对于别人妻子的态度，共分六章。第一章论男子与女子的特性，女子为何有时假装正经，又论某种最易取得女子欢心的男子，以及最易得手的女子。第二章论怎样结识女子，如何取得她们的信任。第三章论妇女心理。第四章论媒人和拉马。第五章论有权势者调戏良家妇女。第六章论宫闱妇女的私情以及怎样防守自己的妻子。

第六卷是关于妓女的，分六章。第一章论男子眷恋妓女的原因，妓女拢络男子的技术，以及妓女所欲拢络的男子的种类。第二章论妓女从良者。第三章论敲竹杠的方法，嫖客厌倦的表示，以及怎样摆脱他们。第四章论重拾旧欢。第五章论各种不同的挣钱的方法。第六章论妓女与嫖客双方的得失，以及妓女的种类。

第七卷，也就是全书的最末一卷，是关于如何吸引对方的，共分两章。第一章论个人的修饰化装等等，吸引异性注意的方法。第二章论各种强壮剂和兴奋剂，并列举了许多实验和药方。

关于这部神妙的经典作者伐塞耶耶拉，有许多不同的传说，有的说并无其人，全然是一种假托，有的说原作者是马尼拉迦，伐塞耶耶拉不过是一个笔名。至于本书的著作时代，也有种种不同的说法，根据后人引用本书文句的时代来判断，这书大约著于纪元一世纪至六世纪之间。

伐塞耶耶拉将男子分为三种，第一种兔人，第二种牛人，第三种马人，他又将女子分为三种，第一种鹿女，第二种马女，第三种象女。他说，根据这样的分类，男女共有九种可能的配偶，其中三种为旗鼓相当者，六种为不适合者。如兔与鹿为适合，兔与象偶则不适合，象女必须配以马男，否则阳盛阴衰，或阴盛阳衰，双方都要遭致不幸。

衣服与裸体

人类发明衣服的动机，其说虽然不一，但有一点却是确定的：决不是为了羞耻心和礼貌，尤其不是为了要遮掩性器官。

人类发明衣服，一小部份是为了实用，保护身体；一大部份全然为了装饰。

自从穿衣服深深的成为社会习惯之后，公然不穿衣服便开始被认为是最野蛮，违反风俗，甚至是最不道德的举动了。在这方面，仅有的例外便是运用于某一种宗教仪式中的裸体，如求雨或禁压之类。除这以外，艺术上的裸体以及健康运动的裸体，都不时要引起与社会道德习俗，甚至法律的冲突。

求雨之类的迷信风俗中杂入裸体的原因，乃是因为人类相信自然界的某一种突然的变动，可以用人类的某一种突然变动来加以感应。穿衣服是正常的，脱光了衣服当然是反常的，因此，当天旱不雨的时候，人们如果脱光了衣服立在太阳下，天气就可以发生变化了——这就是中国求雨要用裸体男女的原因。这风俗，在世界其他各地也同样流行。

罗马尼亚某地风俗，天旱不雨，便用一群少女脱光了衣服祈祷。在印度，这风俗也是一样的。为了求雨，男子在夜间都赤裸了身体坐到屋顶上，同时口中还要尽量的说些猥亵话。非洲也是这样。

除了裸体以外，口中还要说猥亵话的原因，乃是因为猥亵言语和不穿衣服一样，都是违反正当生活习惯的表示。

在穿衣服已经成为风俗的社会中，不穿衣服不仅违反风俗，而且甚至犯罪。许多国家的法律都禁止公然裸体，尤其是性器官的暴露。罗马天主教的严厉的教律，甚至禁止一个人看到自己的裸体。

和这一切相反的成了有趣对照的，乃是野蛮人对于衣服和裸体的观念。约翰斯顿在《东赤道非洲的民族》中说：

男女两性绝少礼教观念，男子更以为光着身体毫不足

怪。他们有时要穿衣服的原因，若不是为了装饰，便是为了早晚之间的气候的变化。

他又说：

他们从不知道什么是不雅观，因为他们根本不知道什么是雅观。他们裸着身体往来，只有在感到寒冷，或是需要修饰的时候，才将兽皮披到肩上。

若说他们没有羞耻观念，这是错误的，只是他们认为羞耻观念无须以性器官为中心而已。据一位非洲的旅行家说，他曾在路上遇见一对一丝不挂的夫妇，只是女的鼻孔上有一个装饰的鼻塞。他们对他毫不避让，可是当这位旅行家要求女的将那鼻塞除下来给他看看，她却立时害羞得满脸通红了。和这成为有趣的对照的，是英国维多利亚时代某一位贵族太太的自述，她自矜她的贞洁，她说，她虽然和她的丈夫养了八个孩子，可是她从不曾让他见过她的乳房！

衣服与裸体，文明与野蛮，分析起来，所包含的便是这些有趣的矛盾。更有趣的是，以遮盖为目的的现代文明人的衣服，尤其在女性方面，一切设计中心显然不在遮盖，而恰在怎样暴露或暗示所遮盖的部份而已。

千古奇闻

相传在古代法国某处教堂的墓地里，有这样一块古怪墓碑，碑上的文字是：

这里埋的是女儿，这里埋的是父亲；
这里埋的是妹妹，这里埋的是哥哥；
这里埋的是妻子与丈夫，
可是这里一共只有两人。

父女，兄妹，夫妻，这三种关系是无法同时存在的，可是这两个墓中人竟同时保持了这三种不同的关系。关于这一段奇闻，相传是事实，在中世纪的欧洲流传颇广，许多作家都曾经

采用这故事作为小说戏剧诗歌的题材。著名的娜伐里皇后的《七日谈》里就曾述及，作为第三天的末一个故事，这奇闻的情节是这样：

路易十二时代，法国郎格多克省某地，有一位富家少妇，青年守寡，膝下只有一子。少妇秉性贞洁，立志守节抚孤，决不再嫁。为了避免城市尘嚣，特地迁居到乡间，请了一位年高德重的博学之士教诲她的孩子，自己则除了到教堂祈祷之外，足不出门一步，并且避免与任何人往来。

时间过得快，孩子已经十四五岁，长大成人，情窦初开，忽然爱上了服侍母亲的婢女。这是母亲唯一的陪伴，十分美貌，青年终日向她兜搭，婢女不堪其扰，便暗中告诉主母，主母不相信，反责婢女引诱她的孩子，婢女否认，并说青年曾屡次向她求欢，为了证实婢女是否说谎起见，主母命婢女某晚姑允青年的要求，约时幽会，然后暗中避开，由她自己来观察青年是否真的如此。

是晚，青年如约来婢女处幽会，守寡多年的母亲假扮婢女睡在床上，于梦寐中一时糊涂，忘其所以，青年也绝不知道李代桃僵。事后，母亲见已铸成大错，痛悔万分，于次日清晨即藉口孩子已经长大，命教师带了他往外省游学，学未成不许返家。

错中更有大错者，母亲竟因此受孕，十月瓜熟蒂落，生一女孩，她暗中将她寄养在远房堂兄处。这其间，儿子屡次请求返家省母，母亲始终不允。最后，隔了多年，母亲吩咐儿子，如欲返家，必须在外间结婚成家后始可回来。得了这命令的儿子，立时托人四出作媒。这时，寄养在堂兄家的女孩已十三岁，而且作了某贵族的义女。由于偶然的机会，青年见了女孩，互相倾爱，男才女貌，不久便结了婚。

结了婚的儿子，高兴的带了新妇回家来省亲。母亲询问新妇的家世，才知道儿子竟又铸了更大的错。她不堪内心痛苦，便将先后经过情形向主教忏悔（她从不曾向任何人说过），请求挽救。主教说，两个孩子是天真的，他们的行为可说并没有犯罪。你如向他们说破，世上便又多了两个罪人。于是母亲便忍痛终身，始终不曾向他们说明彼此的关系。

动物的同性恋

动物方面，凡是家畜或是野生动物被捕获之后，一旦没有异性，便时常要发生同性恋的倾向。这现象，古代著作中已经有人提及。埃及人就将两只雄鹧鸪作为同性恋的象征。亚里斯多德也曾提及，两只雌鸽在一处，如果没有雄鸽在场，她们就要发生同性恋爱的把戏。

动物的同性恋，在鸟类中特别显著。凡是鹧鸪，鸽子，以及其他家禽等，不论雌雄，凡是一群关在一起而没有异性时，同性的很快就彼此发生性关系，雄性比雌性更容易。

最近，有一位动物研究家报告，凡是犬类，公羊，公牛等，没有雌性而独处一起时，它们时常先是咆哮不安，野性勃发，接着便违反春情发动的季节限制，发生性欲亢进的现象，然后互相发生同性恋。可是一有雌性出现，它们这些反常的现象便立刻丧失。里斯本的动物研究家彭巴尔达氏也报告，在葡萄牙，差不多谁都知道，在一群公牛之中，至少有一条公牛惯于被同群的公牛当作母牛。同时，一群母牛在春情发动期，也很容易引诱其他的母牛来试行公牛的职务。这情形，据拉加沙里氏说，在家禽以及乳犬之间也时常可以见到。尤其是初长成的小犬，在还没有获得实际的性生活经验之前，它便会先天的在同性小犬的身上试着这把戏。

这类动物的同性恋倾向，有一点不可误会者，即是他们这倾向决不是性欲倒错症，而只是偶然的反常。一旦有了异性作对手，它们的同性恋倾向便消失了。

白鼠（中国惯称作洋老鼠）是一种性欲很强的小动物，据德国史坦拉哈氏研究的结果，这小动物一旦没有异性作对手时，雄鼠便立刻和它相熟的雄鼠相配，而被当作异性的总是那比较懦弱的一个。

有些高等动物，如猿猴之类，它们同性之间时常有过于亲昵的举动，尤其是雌猴。有些人说这类举动只是游戏或模仿的，

但其动机是否全然出于游戏或模仿，则很难确定。德国弗郎克福动物园的主持者塞兹博士，曾对于园中豢养的各种动物的同性恋关系，作过详细的研究。他的结论是：这些倾向，都是由于正常对手之缺乏，于是发生了暂时的变态倾向。动物的同性恋现象虽然很普通，可是很少是属于真正性欲倒错症的。

动物有真正变态性欲倾向者，据诸家研究的结果，似乎只有鸽子一种，莫西奥里氏说，比利时种的传书鸽，有异性在场时，两只同性的鸽子也会交尾，一位著名的养鸽家玛特里也说，鸽子从幼小时就要同性恋，雌鸽比雄鸽更甚。有时，一对由同性所组成的鸽子，双飞同栖在一起，经过数月的时间不变。为了繁殖起见，有时甚至不得不强迫的将它们拆开，将它们分别的和一只异性的关在一起。

民族神话

神话与传说，不仅与地理环境及宗教信仰生活习惯有关，有时更与民族起源的史迹有关。每一个民族差不多都有关于自己民族起源的神话和传说，尤其是关于创始者的历史，那种半人半神，或全然具有神性的创始者，他的诞生，时常本身就是神话。若不是从天而降，便是从某一种动物的关系感应而生，关于各民族的始祖神话，差不多照例都是这样。这类传说，与其用科学知识来加以驳斥或证明，不如用欣赏文艺作品的眼光去加以接受。现代人类学派的民俗学家，对于这类神话已开始作一种很科学的比较归纳工作。中国上代这类古怪的传说也很多，这里随手抄录几则示例：

关于以天象动物等感应而受孕者：太昊母华胥，履巨人迹，意有所动，青虹绕之，遂因而孕。黄帝母附宝，见大电光绕北斗枢星，照于郊里，感之而孕。少昊母女节，见大星如虹，下流华渚，感之而孕。颛顼母女枢，见瑶光贯月，感之而孕。帝喾次妃庆都，威［感］赤龙之精，孕尧。帝喾元妃姜原，出野见巨人迹，心欣然悦而践之，身动如孕，期而生稷。帝喾三妃简狄，祈于高谋，见玄鸟坠卵，吞之孕契。瞽叟妻握登，感大虹而孕舜，一说感枢星之精而孕。禹母修已，一曰女狄，山行见流星贯昂，意感慄然，又于石纽山下泉中得月精如鸡子，爱而吞之遂孕。汤母扶都，感白气贯月而生。老聃母婴敷，见日精下落如流星，飞入口中而孕。周昭王夫人观白虹而有娠，生子两手握拳不开，昭王噀之即开，左手有文曰公，右手有文曰羽，遂赐姓翁氏，食采翁山。

从上面所抄录的看来，中国三代以上的圣人，其出生都{沾}染了神话色彩。再其次，除了这类“感应而孕”之外，分娩日期也成了神话，如伏羲母孕十二年生，黄帝母孕二十四月生，尧契禹及汉昭帝之母皆孕十四月生。关于老子的出生，有的说他母亲怀孕十年乃生，又说八十一年而生。

在中国古代史书上，汉族以外的异族，也有这类传说被记载着：

《魏书》：鲜卑兵投鹿候，从匈奴三年，其妻在家有子，怪而杀之，妻言尝行仰天视雨雹，入口吞之而生子，号檀石槐，后遂为鲜卑大人。

《宋书》：百济国出自索离国，其王出行，其侍儿于后妊娠，王还欲杀之，侍儿曰，前见天上有气，如大鸡子来降，感故有孕王舍之，后生男，王置之豕牢，豕以口气嘘之，不死，后徒［徙］于马阑，亦如之，王以为神，命养之，名曰东明，及长善射，王恶而欲杀之，东明乃奔走，南至淹滞水，以弓击水，鱼鳖皆为桥，乘之得渡，至扶余而生焉。

这是极典型的民族开国神话。所谓百济扶余，都是今日朝鲜一带的地方。

《隋书》：突厥之先，国于西海之上，为邻国所灭，只留一小儿，与狼牝交，有孕，儿复被杀，狼逃至高昌之西北，后生十男，其一姓阿史那氏，最贤，遂为君长。

关于国内各小民族的，如《琼州志》载，建安县南四百里五指山，一名黎母生，一云婺女星见此山，因名黎，旧传雷摄一卵在山中，生一女，岁久有交趾蛮过海采香者，因与成婚，子孙甚众，是为黎母，乃黎人之祖也。又相传中国古代商辛氏之世，募人伐犬戎，有犬名槃瓠者，衔犬戎之头至，遂妻，以女，生六男六女，这就是南蛮各民族的祖先。

满洲入主中国之时，修整国史，为了增加光荣起见，甚至杜撰天女降生的传说来装点门面，累得后人为他花费了许多时间去考证。

大脚仙及其他

《虫鸣漫录》二卷，清末署名采蘅子者所作，所记多关于白门里闾琐事，偶尔也夹入一些俚闻传说，读之颇足消闲，是很适合的《书淫艳异录》的资料，信手抄录一些如下。原作并没有题目，小题都是我加上去的。

大脚仙

金陵尚大足女仆，名曰大脚仙，皮色洁白，面目姣好者甚多，尤善梳掠，发光可鉴。衣服虽布素，亦颇楚楚，足不甚长

而狭，履浅而尖，作鹦嘴式，俗名划船样。行态波俏，如风摆柳，大可动人。富家房中，多置此辈，中产人年老失偶，不便续娶纳妾者亦用之，昼则服役，夜则荐枕，甚便，而价亦不昂，年少貌美者，月不过三千，称为门槛里。

贼偷缎

有佣工业缎者，携缎二端，日暮不及归肆，宿于家，恐室浅被窃，夫妇各枕一端面寝。贼伏屋窃听，知其谋，夜半潜入室，夫妇皆熟寝。贼先探手己怀，俟温，纳入被中，弄其阳令举，夫以为妇也，任之。贼又抚其妇，悄语曰，尔来。妇以为夫欲欢也，起就之，贼遂取一端。欢次，妇问夫何忽欲此，夫曰，尔弄之久矣，何复云为？妇答顷实睡熟，未涉手，互相疑，同起探之，贼乘间，又窃一缎而去，夫妇遍床觅缎俱失，乃知俱为贼绐，亟呼邻，则已去矣。

采茶女

义宁州产茶，每年正二月，新芽萌生，必争先摘取，惧其久而叶大也。山各有主，雇客作采撷。近村妇女，皆脂涂粉抹，窄袖红衫，加以半臂，系犊裈，绿短裤，赤双趺，背巨篮入山，以拾茶为名，薄暮方归，则巨篮满储，鬓乱钗横矣。家中亦不问茶所由来，相喻于不言之表，殊可笑也。迨贩茶入行，各路茶商云集，又须女工检取，去其粗梗，则有城中妇女，侵晓自至茶行检择，不待唤也。及暮而归，计其佣值，有百余文，有数千文者，其所从来，又有不堪问者矣。

赌　徒

有赴博场赌博者，钱将尽，人憎之，则曰，我床下尚有七百文，无虑也，旋即转败为胜。同赌者某，闻其语，潜至其家，遽登床，妇意夫归也，问曰尔来耶，某答以唯唯，拥妇欢合，复起携钱而出，妇又曰，尔复后赌耶，某复唯唯而去。少顷，其夫赌败归，取钱不获，唤妇醒问之，妇诧曰，尔已携去。夫以未归，疑妇误认，妇且以为欢证之，方知为人所绐。然博场人众，无可物色，夫妇互相诟谇，人乃知其事。

某大姓

中州某大姓，有少仆，无故自辞而出，人疑以佣值薄，或主严厉，询之，仆曰，值不薄，每月三十余贯，主人性极慈，无呵责，予之出，盖以差难当耳。诘以何差，则曰，每夕有媪唤入内室，见帐垂而人横卧于中，下半体裸露于外，令伊淫之，夕二三处不定，审其体，老少俱有，亦颇有所赠，然不能见其面，夕夕如是，实难支持，不得已而辞出耳。

风流椅

显宦某喜淫，置一椅于园中，暗设机括，婢妇有不从者，携入椅中，则手足勾縶，任其轻薄。一日，太夫人至园中，游倦，见椅坐而小憩，不觉身仰足张，两手如縶。悟而大怒，立命毁之，呼某至深责焉。

天生子

新昌等邑，有谓天生子者，乃丑陋婢女，不为择配，过摽梅之年，听其桑濮求偶，得子则育之，生女或与人为养媳，或仍留为婢，名曰天生，以其无父也。

俚闻杂抄

窥人夫妇

有相约暗窥人夫妇居室者，苦窗高难及，迭立肩上而俟焉。其一人喉痒微咳，室内人闻之大怒，持刀而出，下伏者忘却肩上有人，狂奔而逃。居上者，不疑其骤去，失足跌阶上，脑裂而毙。持刀人出至窗外，·见大骇，窜刀而逃，潜往邻省。其妇候至天明，不见夫归，而逻者见尸，已报官来验矣。拘妇穷治无迹，不能成谳。迟之又久，下伏而逃者乃稍稍言之。

花邪疯

有人寓一客店，店主妇年将六旬，忽发狂，裸体欲出市觅男子，店中有少年伙伴三人，见之亟拥妇入室。窃窥之，则次第据而合焉。良久事毕，妇整衣而出，指挥店事，安靖如故。诧甚，后闻人言，此妇患花邪疯，每发病，必多人与合乃愈。妇微有资，三少年伙伴乃蓄已待其发病者。如无健男及时医治，则入市乱走拉人，丑态百出矣。

京师幼伶

京师幼伶，每曲部俱十余人，习戏不过二三折，务求其精，杂以诙谐，故名噪甚易。至眉目姣好，皮色洁白，则别有术焉。盖幼童皆买自他方，而苏杭皖浙为最。择五官端正者，令其学语学步学视，各尽其妙，晨兴以淡肉汁洗面，饮以蛋清汤，肴馔亦极浓粹，夜则药敷遍体，惟留手足不涂，云泄火毒。三四月后，婉娈如好女。回眸一顾，百媚横生，虽柳下惠

亦不免消魂矣。

缝纫妇

有官船泊某处，见岸上卧一裸妇人，状若死，衣裤及针线篮置于旁，不类遇盗者，疑而往观，按其腹甚坚，下有流精，知为轮奸气闭者，令船夫觅旧草鞋焚之，伏妇身，使其下部就烟熏之，返舟遥视。良久，妇自起着衣携篮而去。复往视之，地渍精斗余。后访知妇以缝纫登粮船，船人见其轻佻，挑之，妇故倚门者，乐就焉。于是合舟水手四十余人，先后与之欢，事后见其奄奄欲斃，遂委之于岸扬帆而去。此官久历仕途，有检验经验，故能以秘方救之也。

七岁祖

宁都曾姓，大族也，其先曾有所谓七岁祖者，其事甚怪异。先是国初时，抚建两郡大饥，曾氏遂自南丰迁宁都，家资颇富，而止一子，年七龄，由一婢照料。婢已十八九，欲念甚炽，苦无所泄，乃日弄子阴，而调以亵辞，久之，渐导以人事，子知识略开，婢抱子于怀，而教以人道，苦无所成。一夕，婢忽觉下部有热气直冲入腹，稍为畅适，则子已气脱伏死于身矣。婢大号，父母趋视，婢言子暴亡，哀痛而已。数月后，婢腹渐高，主母以家法素严，三尺童不得入中门，焉有他故，疑而诘之，泣诉其故，疑信参半。十月足举一男，貌酷肖亡子，主人乃释然，婢遂终身不嫁，抚孤成立，主人后无他子，赖此孙以延宗祀，且成望族，此七岁祖遂为人所称道。

炙表嫂

有依表兄嫂同居者，室三楹，虚其中，对室居焉。三人皆略知医。一夜漏将阑，嫂忽大呼表弟，弟至中室，候启门，嫂以兄危急，不能离身，离恐无救，嘱速取艾由窗入。弟悟表兄必脱阳，稔知艾炙可治，乃取艾破窗而入。然尚交股，未便启衾，仓卒间遂剪被寸许成孔，欲以艾炙兄之尾闾骨，不意在上者竟为嫂而非兄，艾炙其臀，一惊呼而火气传入兄阳道中，兄亦顿苏，嫂则羞不可仰矣。

无　赖　子

有无赖子约荡妇就冷落门屋野合，某乙遇之，欲呼人共执，无赖曰，无为，执则与尔无益，不如任尔一乐，乙从之，妇亦允焉。甫交股，无赖坐乙背上大呼，街邻惊集，以男女无耻有伤风化，遂缚而送官，而无赖反长扬而去。

沙芙主义

沙芙主义，得名于古希腊女诗人沙芙。沙芙生于西历纪元前六百年左右，居爱琴海的利斯波岛。沙芙才貌双全，时名尤藉，几与荷马齐名，柏拉图甚至称赞她为九位女神之外的第十位女神。相传她的女弟子很多，起居在一起，行动很亲昵，因此关于她的恋爱生活有很多古怪的传说，说她拒绝男子的爱，而与女弟子们享受一种变态的恋爱生活。沙芙后来跳海自杀，作品佚散，流传至今的仅有断章零句数篇，而且还是从他人著作中转录出来的。由于好事家的附会传说，沙芙的私生活遂成了一个谜。凡是女子有同性恋倾向的，今人都称之为沙芙主

义者。

因为沙芙是住在利斯波岛的，因此沙芙主义也被称为利斯波主义，一般又称之为“特利巴达主义”，都是女子同性恋的别名。

有一种女子，一面喜爱男子，一面又与同性者过着很亲昵的生活，这种女子还不能称为真正的同性恋爱者。严格的说，真正的“沙芙主义者”，是厌恶男子，尤其厌恶与男性同居，而与同性过着一种不可告人的俨然夫妇生活。这种有强烈的变态性生活倾向的女子，才是典型的沙芙主义者。

《女子性生活》的著者克希说：

> 一切这种同性恋倾向的女性，在性生活方面都具有一种反常的特征，不喜爱接近男子，宁可接近女子。在这种事件上，她们的性器官发育都是十分正常的。不过，这种女子有时也会有男子型的。

历史上有名的同性恋倾向的女子，除了沙芙以外，最著名的该是埃及皇后赫斯乞普苏。她被称为“历史上第一个伟大的女性”。个性强盛，她留在纪念碑上的雕像多是男装，有的甚至戴上假须。德国著名性学权威者赫希菲尔德氏，对于她曾有详细研究。此外，俄国女王凯撒琳，瑞典女王克丽丝丁娜，以及女权提倡者布拉伐斯基夫人，都是在私生活上有同性恋嫌疑的赫赫有名的女性。至于著名的女优，以妖媚著名的娼妓，有好多也是有同性恋倾向的，而从一般医院神经病院所保存的诊察记录看来，现代女子患这种性欲变态症者也不少。

现代女学生有同性恋倾向者也很多。据专家的统计看来，这病症最流行的是美国。不过这类畸形生活大都是短时期的，即以在校时期为限，女同学一旦分散，或是彼此结婚之后，这种变态生活便告结束了。当然，也有因嫉妒而引起悲剧结果的。

霭理斯说，根据许多考察的报告，美国，法国，德国，英国，女子同性恋事件在逐年增加。现代文化有许多方面在鼓励这种倾向，尤其是女权，男女平等学说之提倡，女子获得学术机会之增多，逐渐使女子发生不依赖男子，自我独立之倾向，这种倾向遂影响到性生活方面。——这意见初听来似乎很顽固，但出诸素以提倡新精神著名的霭理斯氏之口，则使人不能不相信其中或有至理存在。霭理斯举出有力的佐证，谓现代服务社会的女学者或女权运动者，大都有同性恋嫌疑，便是由于自尊心过盛，以致在性生活方面也不愿向男子低头。

现代女子同性恋倾向的另一特征，为利用新闻纸小广告以

征求对手。这类广告，大都以征友为名，德国奈克氏曾收集刊在慕尼黑市报纸上的这类广告。其内容不外如此：

“有现代思想之女伶，欲征求有同样思想倾向之富家女子为友。”

“十九岁之美貌女郎，欲征求品貌相当之少女，作散步观戏之伴侣。”

霭理斯在他的大著《性心理研究》第二卷，《性的倒错》篇中，曾详论女子同性恋的种种现象。关于女子同性恋者的私生活实际情形，言之甚详，但这是不便公开于一般读者的，这里恕不细述了。

大同的赛脚会

有人说，自明朝以来，中国有三大害，即雅片，八股文，小脚是也。雅片使人倾家荡产，终成残废；八股文使人虽读书而不明事理，虽然识字，亦等于无用；缠小脚则将中国人口一半的女性加以桎梏，残忍不平等事小，而影响民族健康则问题甚大。所幸这三大祸害，今日已为一般人所认识，虽未完全铲除，而为害已不若旧时之烈。三害之一的小脚问题，可谓已成过去，因今日三十岁上下的女性，可说已无缠脚者。然在六十年前，中国女子所忍受的小脚苦，其情形正不亚于八股科举之于读书人，雅片之于一般人也。

中国女子缠足，据说自唐朝即已开始，所谓“罗窄裹春云”，所咏的就是缠脚。韩渥的名句“六寸肤圆光致致”，因唐尺远较今日的通行尺度为小，有人说这也是唐时女子缠足的证据，而风流天子南唐李后主，“行乐宫中，有宫嫔名窅娘，纤纤善舞，后主使其以帛缠足，层层紧扎，状似弓弯，故今名绣履为弓鞋，一时游戏，相习成风，始则宫中行之，继则民间效之，群传为缠足之滥觞矣。”（见《劝放脚图说》）

在女子通行缠足时期，中国北部较南部更为盛行，而山东山西诸省的缠足风俗，也较任何其他省份更为根深蒂固。这其中，更以山西大同女子的小脚，更为“天下驰名”，甚至有小脚赛会的风俗，在每年的某一日期，阖城女子举行小脚比赛，公开任人批评，一如今日美国的美女比赛，“五月花后”之类。

关于大同的赛脚会，据说系在每年八月中秋日举行。各家妇女，当门垂竹帘，人隐于帘内，双脚露于帘外，任游人品评，且以得邀赞赏为荣。闻有一班风流之士，结会品评，以最小者为“状头”，赠以彩帛花粉，其家长或丈夫非特不以为忤，且互相标榜，父钟其女，夫宠其妻。惟有一特殊规律，即品评者只许品足，不能揭帘窥探妇女颜色，否则便得饱以老拳的，并遭全城人的轻视。至于足的品评，则不仅目视，用手摸握也可以，甚至可以暗示脚的主人，抬起脚跟来细看。这实在是稀有的怪风俗。

赛脚会，除大同外，宣化永平太原等地也风行，相传起于明朝正德间，更有说这是宋朝“晒甲会”之变名。据说宋与辽金媾和，互相约定在边城举行“晒甲会”，除下胄甲，以示息兵之意，后来却讹成了“赛脚｛会｝”。

大同的“赛脚会”，又名为“晾脚会”，除在八月中秋举行以外，更有在六月六日，庙会时期举行者。据说，六月六日，举行赛脚之时，妇女自问可以当选者，则于午前先睡三四小时，然后黎明起身，对镜浓妆，薰香沐浴。对于足的收拾，自不在话下。于是前往是年应值班之庙会。大同有十二大古刹，十二年始轮值一次。是日，轮值之庙必酬神演戏。大同庙中戏台，皆在楼上，俗谓之天台，妇女环绕台下观戏，一般男子则穿插妇女丛中，观其裙下双钩，品评再四，推定优秀者若干人。落第者咸垂头丧气而归，然后再集合入选者于一处，举行决选。最后，公决第一者称王，第二者称霸，第三称后，此入选之三人，欢呼雀跃，以为莫大之荣幸。为其夫或父兄者，必屈膝表谢意，而当选之女子，则其足部一任人观摩品评，但若有人注视其面部，则群以其人为不规矩，群起而攻之，志其姓

名住址，次年即不许其参加矣。

近人著述中搜集缠足史料最详的，当推《采菲录》。其中记载大同赛脚会的故事甚多。大同属山西，山西本有“模范省”之称，禁止缠脚最严厉，但至今女子缠足数字占最多数的仍是山西。而据多年前上海某小报所载，山西模范省长阎锡山，平日主张女子放脚最力，后来暗中纳一大同女子为妾，即因其金莲纤小可爱云。

古笑话抄

八钱宴客

有欲留客饮者，有酒无肴，搜囊止得八文钱，窘甚。其仆承言易办，于是取八文钱去，以六文买鸡蛋二枚，一文买韭菜，一文买豆腐渣，其制菜四色。仆曰，菜虽不成样，但颇合唐人诗意。第一样韭菜底铺蛋黄二枚，两个黄鹂鸣翠柳也；第二样韭菜面砌蛋白一条，一行白鹭上青天也；第三样豆腐渣一盂，窗含西岭千秋雪也；第四样清汤一碗，上浮蛋壳数枚，门泊东吴万里船也。主与客皆大噱。

和尚惧内

有和尚与人共饮，或问座中何人最惧内，众未及答，和尚曰，惟老僧最惧内。众讶之，笑曰，惟最惧内，故不敢娶老婆也。一座粲然。

铜炉换面

有无赖子向面店取面一碗，至一小铺前，铺有老媪脚踏大铜炉坐铺内取暖，无赖子诳曰，其家寿诞，央我送面与你老人，老媪大喜，起身道谢，无赖了又曰，某家客多，烦即易一碗还我，媪起身入内取碗，无赖子即乘间取大铜炉而去。老媪以大铜炉换得面一碗，闻者笑倒。

妒妇说

有为妒妇解嘲者曰，男子在外沾花惹草，情欲无节，体必亏损，阃中得一妒妇严束［束］之，亦动心忍性，延年益寿之一方也，故谚曰，到老方知妒妇功。一人笑曰，是何言也，君知人之爱六畜者乎，日则哺之，夜则栅栏防护，惟恐豺狼啖之，此真爱惜六畜之命哉，特留之以充己口腹耳。妒妇得毋似之乎。众乃大笑。

见屈原

唐敬宗时，高崔巍喜弄痴，帝令给使捺其头水中，久而出之，问何所苦。答曰，顷见屈原云，我逢楚怀王无道，乃沉罗汨，汝逢圣主，来此何为？帝大笑，赐以锦百段。

合寺狗卒

有客书青龙寺壁曰，龛龙东去海，时日隐西斜，敬文今不在，碎石入流沙。一僧解之曰，此骂人语，盖合寺狗卒四字也。

东坡语妙

东坡有诗话一则云：无肉令人瘦，无竹令人俗，若教不瘦又不俗，顿顿还他笋炒肉。

骗帽贼

苏州通贵桥某富家儿，头戴一珠帽，值数百金，乳媪抱立厅事，一人盛服昂然直入，谓儿曰，叫声公公，乳媪亦曰，阿官叫声公公。其人又曰，不叫公公，要取汝帽儿，遂戏揭其帽执手中曰，不叫公公，取帽儿去矣。以其帽置怀中，缓步下阶，口真个取帽儿去矣，遂自庭中昂然竟出。复回身立于门外曰，不叫公公，取帽儿去不转来矣，乳媪又谓儿曰，阿官叫声公公，公公好还汝帽儿，意谓戚党长者与儿戏也。候久不复入，出觅之，杳然矣，乃知受骗。

三不要

一年老县令，贪而好色，而犹沽名钓誉，大书县治之前曰：三不要。注之曰，一不要钱，二不要官，三不要命。次早视之，有人于每行下添二字，不要钱曰嫌少，不要官曰嫌小，不要命曰嫌老。

大腿出租

有人贫而无袴，作口号曰，西风吹雨声索索，一双大腿没下落，朝来出傍在街头，借与有裤人家着。

马桶词

姑苏人家所用马桶颇精致，描金涂硃，闺房私用者尤甚，有作黄莺儿词曰：金漆铁箍腰，贴香臀，坐阿娇，浑似仰放中军帽，红嘻嘻小巢，黑茸茸细毛，依稀谱出淋铃调，涤辛骚，夕阳影里，疏竹响萧萧，末句盖吴语以竹枝涤马桶曰萧也。

男女异闻抄

人兼男女

宋赵忠惠帅维扬日，幕僚赵参议，有婢慧黠，尽得侪辈之观，赵昵之，坚拒不从，疑有异，强即之，则男子也。闻于有司，盖身二形，前后奸状不一，遂置之极刑。

又有人于福州得徐氏处子，年十五六，交接一再，渐且男形。以上皆《玉芝堂谈荟》所载。又谢在杭《五杂俎》云，近闻毗陵一缙绅一夫人，每日从子至午则男，从未至亥则女，其夫亦为置妾媵数辈侍之。有妓亲承枕席，出以语人云，与男子无殊，但阳道少弱耳。或云，上半月为男，下半月为女。

又《江湖记闻》载：宋端平丙申年，广州尼董师秀有姿色，偶有欲狎之者，卒拥之，男子也。事闻于官，验之竟为女。有老稳婆以盐肉水渍其私，令犬舐之，果现男形，始知实身带二形，不男不女，所历州县，富室大家，作过不可枚举，遂处之死。

《褚氏遗书》曰，非男非女之身，精血散分。又曰，感以妇人，则男脉应诊；动以男子，则女脉顺指，皆天地不正之气也。又《玉历通政经》载：男女两体，主国淫乱。

男扮女装

明代成化间，太原府石州人桑某，自少缠足，习女工，作寡妇妆，游行平阳真定顺德济南等四十五州县，凡人家好女子，即以教女工为名，密处诱致，与之奸淫，有不从者，即以迷药喷其身，念咒语，使不得动，如是数夕，辄移他处，故久而不败。闻男子声，辄奔避，如是十余年，奸室女以数百。后至晋州，有赵文举者，酷好寡妇，闻而悦之，诈以妻为其妹，延入共宿，中夜启门就之，大呼不从，赵扼其吭，褫其衣，乃一男子也，擒之吐实。且云其师谷山西，山阴人，一为此术，尚有同党任茂，张端，王大喜，任昉等十余人，捕之具狱磔于市。

又《清尊录》载，兴元民有得路遗小儿者以为子，数岁，美姿首，民夫妇计曰，使女也，教之歌舞，独不售数十万钱耶。妇曰，固可许为也。因纳深屋中，节其饮食，肤发腰步，皆饰为之，比年十二三，嫣然美女子也。携至成都，教以新声，又绝警慧，益秘焉，不使人见，曰此女当归之贵人，于是女侩及贵游好事者踵门，一觌面，辄避去，犹得钱数千，谓之看钱。久之有某通判者，来成都，一见心醉，与值至七十万钱乃售，既成券，喜甚，置酒与客饮，夜半客去，拥而致之房，男子也。大惊，使捕其父母，卒不获。

女扮男装

女扮男装，花木兰祝英台之外，俚闻传述者颇多。相传金陵黄善聪，十二失母，父以贩香为业，诡为男妆，携之庐凤间，父死，变姓名为张胜，有李英者，亦贩香自金陵来，为伙伴，与同卧起，三年不知其女也，女归而返女服，呼媪验之，犹然处子，英托人致聘，女不从，邻里交劝，遂归于英。

又，明人小说本事，宣德间，河西刘翁，夫妇业沽酒，家亦小康，年六十余无子，某日，有童子随父投宿，及明，父病，数日竟死，遂留此童为子，取名刘方，后又收一少年，取名刘奇。刘翁夫妇双亡后，此一对弟兄遂停沽酒而开布肆，家事日起。年长，有来议婚者，奇欲之，而方执意不可。一日，见梁燕营巢，奇题一词于壁云，营巢燕，双双雄，朝暮啣泥辛苦同，若不寻雌继生卵，巢成毕竟巢还空。方亦援笔和诗云：营巢燕，双双飞，天设雌雄事久期，雌者得雄愿已足，雄首将雌朝不知。奇大惊曰，吾弟殆木兰也。自同卧以来，即酷暑未尝赤体，证之题诗，可知也。固质之，方面发赤。自承幼时自母丧随父还乡，恐途中不便，故为男子装，后由镇中年长者为媒，遂成花烛，里中传为异事。

父 与 子

一

有林某，年届知命，忽然丧偶，中心悒悒，故言语日渐减少，终日沉默，一若不胜寂寞者。林有二子，皆已长大成人，且已娶媳，抱孙有日矣。媳与子皆极孝顺，膝下承欢，亲属中皆以为翁决无续弦之意，是以绝无前来作伐者。

一日，冬季天寒，林翁起身略迟，欲进早餐，则粥已不热，不觉大怒，掷碗于地而高声骂曰：“粥这样冷，叫我老人在这样冷天如何吃得下呢？真是岂有此理！”

长媳闻之，自房中赶紧出来道歉曰：“公公不必动怒，这是媳妇不好，今晨忘记叫王妈热粥也。”

林翁不答，惟低声自言自语曰：“昨夜这样冷，被褥又这样薄，整夜冷得不能安睡，早起又这样吃冷粥，这日子真叫人难捱。”

午间，长子归来午餐，媳乘间以阿翁早间之言告之，子曰：“这事容易，待我往先施公司给他老人家买上等鸭绒被一条，则一切都解决矣。”

买鸭绒被后之四五日，邻家忽鼓乐大作，林翁问其子曰：“隔壁有什么喜事？”

子曰：“隔壁陆家老伯娶填房，今日过门。”林翁微笑曰：“这真是多事。这样大的年纪，既然死了老婆，就算了罢。如果嫌天气冷，叫他儿子给他买一条鸭绒被就是了，何必娶填房呢？”

子闻言恍然，知老父有意续弦，于是经过家庭小组会议，次日晚餐时，长子即恭然进言曰：“爸爸身体甚健，年亦不老，目下房中早晚乏人陪伴，不如讨一个人回来。惟不知要怎样年纪的人，始合父亲之意耳。”

林翁捻须微笑曰："我手头现钱不多，只有一千九百元。倘然每岁百元，倒还可以勉强应付。"

子连曰"是，是"……

二

理发梳头之工具，除木梳外，尚有篦，为清理发垢不可或缺之要件。篦之形状奇怪，读者试作一篦之略图。横看之，成何物之形，再直看之，又成何物之形。因此物略图形状容易使人发生误会，于是笑话来矣。

江苏常州为出产篦之名地，有王大年者，家贫亲老，故于高小毕业后，即弃学就商，先在本城某铺为学徒，后得亲戚之介，往附近某米业公司任司账。王年二十二三，性极朴实，已娶沈姓女为妻，家乡与米业公司所在地相距不远，交通便利，时常互相往还也。

某次，王自家返公司，忽发觉行装中忘记携篦，此物固王一日不能缺者，而王又俭朴成性，不欲另行购置，因作家书嘱于便中将此物带来，惟读书识字不多，篦字颇生疏，一时写不出，即草草在信上画一篦之略图，旁加圈注曰："要从速来。"

王父接信后，阅之再三，颠来倒去，均不能明白儿子之意，即谓其媳曰：

“我年老了，眼花不好，且不懂看图画，实在看不明白他的用意。不过，照我猜想，倘是横看，他叫我速去，倘若直看，则又似乎叫你速去也。你以为怎样。”

三

一父携十岁幼儿出游。路旁有大厦，朱漆门窗，均重门深锁。儿问父曰：“此何种人家耶？莫非皇宫乎？”父曰：“儿莫多言，此是造人之工厂，儿童不宜过问者也。”儿唯唯。

少顷，儿忽失踪，其父亟回身觅之，则儿方匆匆自后面赶来，父责其何去，儿面红耳赤，答言实去参观适才所过之造人工厂。

父问何所见，儿兴奋答曰：“儿谨遵父言，不敢入内，仅从窗隙窥之。父言诚不我欺。厂内工作甚忙，已造成之人甚多，男女皆有，正在忙于装配零件，故尚未给彼等穿上衣服也。”

情　史

四面观音

正德中，锦衣卫廖鹏以骄横得罪，有旨封其宅舍，限五日内逐去，其妾名四面观音者，请求见朱宁解说，宁一见喜甚，留之五日，则寂然不提放逐之事矣。鹏治事如初，宁自此常过鹏宿，从容语鹏曰，何不赠我？鹏曰，捐以侍父，则不获效一夕杯酒之敬，不若为父外馆，宁益爱昵之。

新　嫂

太常刘介，新娶继室美艳，冢宰张彩欲夺之，乃问介曰：我有所求，肯从我，始言之。介曰，一身之外，皆可奉公。答曰，我所求者，新嫂也，敢谢诺。少顷，舆人在门，竟劫以归。

梁主朱温

梁主朱温，恣意声色，诸子在外，常征其妇入侍。子友文妇王氏色美，尤宠之，欲以友文为太子，其弟友珪心不平。梁主疾甚，命王氏召友文，欲付以后事，友珪妇张氏知之，密告友珪，友珪与统军韩勍合谋，夜斩关入，至寝殿，梁主惊起曰，我固疑此贼，恨不早杀之，汝悖逆如此，天岂容汝乎？友珪刺梁王腹，刃出于背，以败毡裹之，瘗于寝殿。

朱温后身

宋宣和间，宫禁中有异物曰䝟，块然一物，无头眼手足，

有毛如漆，中夜有声。禁中人皆云，时或往诸嫔妃榻中睡，以手抚之，亦温暖，晓则自榻下滚去，莫知所在。或宫妃梦中，有与朱温同寝者，相传即此物也。或云朱温之厉所化。朱温五伦俱绝，死遂为祟如此，仍不忘妇人。

登　州　人

往年登州有人家赘婿，与其妻妹私通，事颇露，二人屡自分辩。既而语家人，吾二人不能自明，当共诣泰岱顶，质诸天齐帝君，遂与俱去，告于神，吾二人果有私，乞神明加诛，祝讫下山，自以为杜悠悠之口而已，神固何知。行至山半，情不自禁，趋林薄僻处合焉。久而不归，其家登山觅之，始得于林，则皆死矣，而其两阴交接，粘连不脱，乃知神明谴之以示众也。

赤　眉　贼

范晔《后汉书》，赤眉贼发掘诸陵，取宝货，污辱吕后尸。凡葬有玉匣者，尸皆如生，故赤眉多犯之。

又《列异传》，汉夫人冯夫人病亡，灵帝时，有盗贼发冢，七十余年，颜色如故，但小冷，诸贼共污辱之，至斗争相杀。窦太后家被诛后，欲以冯夫人配食下邳，群臣以贵人虽是先帝所幸，但覆贼污，尸体秽污，不宜配至尊，仍议以窦太后配祀。

山阴公主

山阴公主，宋武帝女，废帝妹也。私通何戢，戢少美丽，动止与褚渊相慕，时号为小褚。公主性淫乱，废帝爱之，时与同辇出入。公主谓上曰，妾虽不才，与陛下俱托体先帝，陛下六宫万数，而妾惟驸马一人，何太不平。帝为置面首三十人，褚渊亦与焉。公主尤爱昵之，闭一阁中，备见诱迫，渊不从。公主曰，公须眉如戟，何无丈夫意。

窦从一

景龙二年冬，上召王公巨臣入阁守岁，酒酣，上谓御史大夫窦从一曰，闻卿久旷，今夕为卿成礼。窦拜谢。俄而内侍引烛笼步障金缕罗扇，其后有人衣缕衣花钗，令与窦对坐，却扇易服，乃皇后老乳母王氏，本蛮婢也。上与诸臣皆大笑。诏封营国夫人，嫁为窦妻。窦欣然有自负之色。

性的塔布

“塔布”的意义很复杂，而且包含的范围很广。弗莱采博士曾经写过一部六百多页的大著，解释塔布的意义和作用，以及原始社会执行各种塔布的情形。塔布这名词，第一个使用的是探险家科克，一七七七年在通加岛听到的。他说，这字的意义是指“不可接近的东西”。

一般的说来，所谓“塔布”，是一种禁律，系根据宗教，习惯，以及礼法所规定的不可作的事情与不可接触的东西。谁做了这样被规定禁止做的事情，谁接近了这样被规定禁止接近的东西，谁便是犯了“塔布”。犯了塔布的人，便要忏悔，受

罚，甚或被处死。

塔布并非仅仅存在于未开化民族社会中。现代文明人的社会也有种种塔布，不过已经换上了法律，习惯法以及舆论等等新名词而已。举例说，在今日社会中，除了神经病患者，谁都不敢脱光了衣服在路上走，因为法律，习惯以及自己的体面观念都不许可这么做。“不能脱光了衣服在路上走”，这便是现代社会的“塔布”。

未开化人所要遵守的塔布范围极广。战争，饮食，耕种，渔猎，婚姻，生死，都有种种塔布，不能触犯。尤其关于性的关系方面，所应遵守的塔布极繁多，而且十分严重。有许多人以为未开化民族没有道德观念或伦理观念，实在是错误了。

这类性的塔布，包括了一般的婚姻关系，月经期中的妇女，妊娠，生产，发育期间的青年男女，血族的婚姻关系，以及寡妇的性生活等等。

未开化民族的最重要作业是战争和渔猎。因此性的塔布，在这方面特别多，而且大都是关于限制性交的。如在纽西兰，男子如有重要任务在身，则己身成为“塔布”，不能接近女子。在战争期间，男子甚至必须与妻子分居，直到战事结束。在南非洲，男子在行猎之前，绝对不能近女子。许多种族都保持了这塔布。因为一旦与女子发生关系，足以使行猎失败，战士失去勇气。

行经期间的妇女，怀孕期间的妇女，临盆期间的产妇，一切在特殊生理状况下的妇女，对于男子大都是禁忌的。这种塔布流传的区域最广，犯者双方要受严厉的处分。因为违反这种塔布所产生的后果，未开化民族认为不仅是个人的，而是牵涉全体的。如行经期中的妇女能使农作物收成不良，如果她的丈夫不和她分居，则便要影响整个部落的收获了。

未开化社会所奉行的性的塔布，最严厉者无过于血族通婚，尤其是乱伦关系。其处分的严厉远过于现代文明社会。玛洛林斯基曾将野蛮人性的塔布列成一表，分别其轻重如下：

一：最严厉被禁止者为兄妹乱伦关系。这是血族塔布的核心。犯者极少，即在传说中亦少存在。

二：母子乱伦亦为血族塔布之一，被认为不可能存在者。但其罪恶被认为稍次于兄妹。

三：父女乱伦当然亦属于塔布，但非属于最可怕的“苏瓦索瓦型”塔布（即所谓血族通奸事件）。这是因为社会和家庭的中心是母系而不是父系。父与女乱伦被认为塔布，乃是因为女儿是自己妻子的最近的血亲，其出发点在“夫妻”关系，并

非在“父女”关系。这是不可忽视的特点。

四：根据上述伦理观念，凡与姨母（母亲的姊妹）通奸者则属大逆不道，与第一二两项同样重要，犯者均要被处死刑。

五：与妻子的姊妹通奸亦属触犯血族塔布之列。

未开化人关于血族通婚的塔布既以母性为中心，因此对于父亲的姊妹遂不在塔布之列。在风俗上，许多未开化民族认为姑母与侄儿的通婚是合法的，但因年龄相差的关系，除少数不合法的私通事件外，实行结婚者并不多。同时，根据这同一理论的伸延，表兄妹结婚是被人加以鼓励的。反之，姨母的女儿则因其属于母系，遂在塔布之列。

克达鲁奇岛的传说

新几内亚的土人，以自己所在地为中心，对于周围大海中的各岛屿，流传着种种神话和传说。“克达鲁奇”便是这种传说之一。《野蛮人的性生活》的著者玛洛林斯基氏，以这传说所反映的土人性风俗十分有趣，特从土人口中将这传说加以记录，并作种种调查。这传说的概略是这样：

据土人说，在海中的远方，向北直航，便可以抵达克达鲁奇岛。岛的面积很大，有不少村落，全岛居民都是女性没有一个男子。这些女性都十分美丽，而且没有穿衣服的习惯。从远处望去，她们似乎仅穿一条短裙。但这并不是短裙，而是她们

发育特别盛旺的×毛。

这些女子的个性都十分凶悍，这是因为她们的性欲都无法获得满足的原故。偶然有邻岛迷途的水手飘流来到，她们便如获至宝。她们望见远处有船驶来，便聚在岸边等候。从远处望来，岸边黑压压的都是人。其数之多，可以想见。男子一上岸，她们便向前涌去。她们扑到他们的身上，撕去他们的衣服。她们向他施行强暴。更可怕的是，这些女子的欲望是无止境的，她们通宵达旦的不停止，而且走了一个又来一个。因了人数太多，所以结果往往是可怕的。她们不能从男子获得正当的满足，于是便利用男子的鼻子，耳朵，手指，脚趾，任何突出部份以满足她们的欲望。结果这男子便精疲力尽而死。

当然，克达鲁奇岛的女子也能受怀孕。但是生下来的男孩子，往往在他未成年之前，就被摧残。她们浪用孩子的身体每一部份，一如浪用外来的男子，因此男孩子没有能长大的。岛上生存的始终是女子。

这就是新几内亚土人口中传述的克达鲁奇岛的情形。据他们解释，“克达”的意义是“性交”，“鲁奇”的意义是“满足”。土人都相信这岛的实际存在。他们一提到这岛，就津津有味，举出各种证据证明这岛的存在。据说，有许多水手宁可飘流到荒岛，不敢接近克达鲁奇岛。这岛与新几内亚本土的距离，据说是一日一夜的航程。如果清早启程，向北直航，次早便可抵达该岛。

偶尔也有男子从克达鲁奇岛逃命出来。这些逃生者的故事便更增加了克达鲁奇岛浪漫的色彩。这下面便是两个这样的故事。

一：土人们每逢种植收成不佳时，往往由首领提议作一种冒险行动，藉以换转运气。有一年，马铃薯的发育不好，农夫中突然有人提议："向克达鲁奇岛挑战，到克达鲁奇去!"于是，一倡百和，大家准备粮食饮水，乘船出发。因了风色不顺，他们在第三天才到目的地。克达鲁奇岛的女人早已等候在海岸上。"有男人到我们这里来了"，她们喊道。她们一涌向前。男子也不示弱。可是提出特别条件，一对一，平均分配。住了相当时日，土人藉了捕鱼为名，修复了小艇，一齐乘机脱逃，他们从克达鲁奇岛带回了友西克拉种的香蕉。这种香蕉至今还繁植在新几内亚，成了克达鲁奇岛实际存在的证据。

另一故事，是流传在新几内亚北岸卡波拉村的，有一个捉沙鱼的渔夫，因为出海过远，来到克达鲁奇岛。他为岛上的一个女子所捕获，他要求这女子不要将他让给旁人，藉此得以保

存性命。后来，他感到连这一个女子也无法应付了，便在一夜之间，将海边所有的小艇都加以破坏，仅留下一艘。他驾了这唯一的小艇逃走。岛上的女子发觉了要追赶时，可是所有的小艇都已经破坏了。她们只有望洋兴叹。

玛洛林斯基氏向土人表示对这种传说有所怀疑时，土人微笑着说：

“怀疑本是一种美德。可是对于克达鲁奇岛的怀疑，最好不必去亲身加以实验。许多白种人都怀疑克达鲁奇岛是否真的存在，可是谁也不敢去真的探险。没有一个白种人敢冒险去寻找克达鲁奇岛，这不啻就证明了克达鲁奇岛真的存在。”

四十四及其他

四　十　四

俗语说："四十四，养个儿子无意思"，盖谓养儿防老，宜早不宜迟，四十四岁始生子，为父母者待其长大成人，已年逾花甲，或早已作古，不及享受其福矣。又有一句俗话："四十九，养个儿子说亦丑。"此则是说女性年届四十以后，应屏绝欲念，更不应受孕。今竟不然，四十九岁尚养儿子，其为放荡者无疑，故讥之也。

中国女子四十九岁以后能生子者不多闻。这是生理机能使然，盖这时月信已停止来潮，无从受孕也。但西洋医学书籍中，女性年近五十尚能生子者，颇有记载。据德国某医师统计，丹麦女子一万人之中，其于五十岁至五十五岁之间生子者，计有四百六十三人。又瑞典女子一万人之中，在五十以后生子者，计有三百人。可知四十九岁受孕生子，虽然“说亦丑”，并非不可能也。

至于偶然的例外，则甚至六十岁也可以受胎。医学书籍上也不乏这类记录，以下数则便是好证据：

霍雷氏曾经手接生，产妇年已六十三岁。又据同业见告，曾有一产妇年已七十。

杜思氏医师曾为五十二岁之妇人接生，且为双生子。

露佐魏支医师统计，俄国妇女于五十及五十五岁之间生子者，其百分比甚高。

坚尼地医师经验，一妇人于六十一岁分娩，经过情形极佳。

潘洪医师曾获得间接的资料，有一年已七十二岁之老妇人，尚有月经，且于该年受孕，但结果流产。

老年恋史

世有男子甫过三十即萎靡［靡］不振者。亦有六旬以上尚能为人如常者。前者由于遗传疾病或少年伤斲过甚所致，后者则因善于保养或先天的特性使然。至于普通人，则五十左右渐衰，六十以后大都绝缘矣。文学史上谓文豪歌德七十四岁尚狂恋一十九岁之少女，然其杰作浮士德至八十岁始完成，实生命力特强之仅有例外也。

据医学专家研究，老年能恋爱者，神志必清，反言之恋爱实返老还童之表现。老而不恋，则是衰弱之确证，死亡之根源也。又据说，恋爱能使自私自利之人变为急公好义，又能使多痛多病之老年人活泼健康。据说，老年恋爱且是长寿的表现。但这多都［是］希腊人的意见，今日看来已多少使人不敢赞同了。

战后娼妓

战乱之后，社会状态失常，娼妓的数字必增。据上次大战后统计，一九一八年，维也纳城因秘密卖淫而受罚者，已五五

四零人，但次年即增至六六六六人，一九二零年则数字增高至七六二七人。其中患花柳病者占全数百分之二十以上。其详细的数字如下：

一九一八年，秘密卖淫者人数五五四零人，其中染病者一四八零人。

一九一九年，私娼人数六六六人，其中染病者一七二五人。

一九二零年，私娼人数七六二七人，其中染病者一八三四人。

又据更详细的分析，在一九二零年因秘密卖淫受罚之七六二七人中，三七七人系女公务员，十四人系牙医师助手，八人系薪俸微薄的官吏之妻，二五五人系女工，四六六人系女仆，五七一人系中产阶级出身而无职业者。

维也纳的人口并不多，战后娼妓的数字已经是这样，其他如巴黎，纽约，伦敦，可以想见矣。

据平时记载，巴黎有登记之公娼约六千至七千人，不登记之暗娼大约有六万人。战时则简直无法统计。

扒灰及其他

扒灰，新台故事

《常谈丛录》："俗以淫于子妇者为扒灰，盖为污媳之隐语，膝媳音同，扒行灰上，则膝污也。"又俗传锡工铸器，欲盗锡，辄掩锡于炉灰中，事后扒取，遂取其谐声，隐其辞曰扒灰。

翁媳通奸，亦称新台故事。新台者，《诗·邶风》篇名，卫宣公为其子伋娶于齐，而闻其美，欲自娶之，乃作新台于河上而要之，国人遂作此诗以刺子。新台故址在今山东省濮县

东，黄河北岸，《水经·河水注》：“河水又东迳鄄城县北，河之北岸有新台。”

嫪毒［毐］，大阴人

嫪毒［毐］，秦时人，吕不韦以为舍人，太后与吕不韦私，闻其大阴，欲私得之，不韦诈腐之为宦者以进，与太后通，封长信侯。始皇九年事发，斩之，夷三族，事见《史记·吕不韦传》。

嫪毒［毐］亦作摎毒［毐］。注家以嫪非姓，应作摎，毒［毐］者士有淫行之谓也，故称之为摎毒［毐］而不名。

吕不韦事秦庄襄王，纳妓有娠，献于庄襄王，生子政，是为秦始皇，始皇尊吕为仲父，吕复与太后通，复畏罪自杀。

天　阉

男子生而不能嗣育者，俗称天阉，古称天宦，《灵枢经》谓：“天宦者，未尝被伤，不脱于血，然其须不生。”

锁阴，石女

女子之不通人道者曰石女。《因明入正理论》谓：“如言我母，是石女。”石女亦云石妇，《太玄廓》：“廓无子，室石妇。”注云：“室石妇，谓求室而得石妇也。”石女即女子患锁阴者。

“锁阴”，病名，女子生殖器之闭锁症也。患此症者，人道不通，故有石女之称，此症由发育不良或疾病而起，因闭锁部位之不同，而有处女膜闭锁，阴道闭锁，子宫闭锁及喇叭管闭锁等，轻症可施行手术切开。

椓杙阴中

《汉书·广川惠王越传》：“幸姬陶望卿投井死，服信出之，椓杙其阴中。”椓杙者，削木为椿，塞诸阴中也。

幽闭

幽闭，妇人淫刑也，《书·吕刑》：“宫辟疑赦”。传：“宫，

淫刑也，男子割势，妇人幽闭。”疏：“男女不以义交者，其刑宫，妇人幽闭于宫，使不得出也。”按《识小录》云：“妇人幽闭，乃是于牝剔去其筋，如制马豕之类，使欲心消灭也。”又《名义考》云：“幽闭若去牝豕子肠，使不复生。”

房中术

《汉书·艺文志·方伎略》著录房中八家，即《容成阴道》，《务成子阴道》，《尧舜阴道》，《汤盘庚阴道》，《天老杂子阴道》，《天一阴道》，《黄帝三王养阳方》，《三家内房有子方》是。书［。是书］早佚，各书内容虽不详，大抵皆言阴阳交合及种子之术，房中术之名盖昉于此。《论衡》曰：“素女对黄帝，陈五女之法，非徒伤父母之身，乃又贼男女之性。”房中术在西汉末颇盛行。

烝

烝亦作蒸，以下淫上谓之烝。《左传》桓十六年：“卫宣公烝于夷姜。”夷姜，宣公庶母也。

戚夫人永巷歌

戚夫人，汉定陶人，高祖宠姬，生赵隐王如意，及高祖崩，为吕后所囚，髡钳，衣赭衣，令舂，戚夫人歌曰："子为王，母为虏，终日舂薄暮，常与死为伍。相离三千里，当谁使告女。"吕后闻之，大怒，诛赵王，断戚夫人手足，去眼，熏耳，饮以瘖药，使居鞠域中，号为人彘。永巷歌一名舂歌，见《汉书·外戚传》。

审美秘诀

美人的标准各有不同，据中世纪西班牙好事家的见解，一位绝世美人必须俱备下列三十种美点：

三件白的东西：皮肤，牙齿，手。

三件黑的东西：眼睛，眉毛，睫毛。

三件红的东西：嘴唇，面颊，指甲。

三件长的东西：身体，头发，手。

三件短的东西：牙齿，耳，脚。

三件阔的东西：胸膛，额角，眉间。

三件狭的东西：嘴（这一张和那一张），腰，脚踝。

三件肥的东西：手臂，大腿，小腿。

三件精的东西：手指，头发，嘴唇。

三件小的东西：乳房，鼻，头。

一个女子能拥有这三十种美点是不可能的，但能具有一半左右，已足够称为美人了。

有一位侨居罗马的法国人，曾经爱上了一位西班牙贵妇人，这位贵妇的美丽是出名的，可是她从不肯让她的情人见到她的下肢。她在任何时候都要穿着套裤。她的情人询问她为何这样时，她的回答是极寻常而近情理的：

“我怕痒。我最怕人摸我的大腿。”

可是，有一天，这时正是夏天，他无意来到贵妇人的家里，贵妇人正在午睡。他轻轻走进她的卧室，发现裸体睡在床上的情人，确是名不虚传的美人，只是，两只大腿，一只丰腴圆润，一只则瘦削枯干，如一个婴儿的手臂一样。他立刻明白她的情人不许人触着她的大腿的原因，美感全消，从此一去不回。

这故事只是偶然的例外。但有许多美妇人却是出名的“瘦马”，正如某教士所说：“她的骨头（指他胯下的毛驴）刺得我痛。”

相传有一位贵公子曾同时恋爱两位女子，一黑一瘦，可是同样的美丽。有一天，公子去私会了黑牡丹回来，那瘦的一个嫉妒的说道："你这样的公子身份，何必去追逐一只乌鸦呢?"公子听了不十分高兴，便反问道："请问，我同你在一起，我所追逐的是什么呢?"

那女子傲慢的回答道："凤凰!"

公子听了微笑的说道："一点也不错，你确是一只羽毛比肉体美丽的鸟儿。"

许多女性在年轻时候全是一匹羽毛美丽的鸟儿，只有到了中年才有成熟的丰满的肉体。

有两位绅士各有美丽的太太，有一次互相调笑。甲说："我很想尝尝你太太的滋味。"乙微笑着回答："一点没有问题，如果我也可以尝尝你太太的滋味的话。"甲说："我太太很瘦，恐怕不合你的口味吧?"

乙听了毫不措意的说道："不要紧，我可以给她多加点油，就可以适合我的口味了。"

美丽的面部不一定就有美丽的肉体。有许多女子因了面部的美丽，引起男子对于她们肉体的追逐，可是一旦达到了目的之后，才发现所憧憬的只是虚有其表。据说，有的骨瘦如柴，有的如大理石，遍体斑纹，更有的如拔了毛的火鸡，毛孔密布。法国中世纪有一篇小说，描写一个男子以毕生之力追求一位美丽女子，有志者事竟成，在定情之夕，女子要求男子给她做的第一件事情，却是为她揭下乳部生疮的膏药。男子大失所望，竟至抱头痛哭。

可是，据某一位贵妇人的自传所说：（当然也是中世纪的）许多男子只以女性的面部美丑为好恶准则，实是天字第一号的傻瓜，尤以年岁来定取舍，更是全然外行。她说，女性的面部容易受岁月的侵蚀，但她们最宝贵部份则在自然威胁之下，永远年青。面部和年岁绝不能代表一个女子的一切。她说，这审美秘诀是给与世间男子的贵宝教训，只有最聪明最幸福的人始能接受她的启示。

燕玉暖老及其他

燕玉暖老

《茶余客话》载，广东江吏部一生不服药，年九十七。六十以后，与少女同卧，长则遣去，皆宛然处子。燕玉暖老，当作如是观。

女刽子手

《香饮楼宾谈》载，南海黄某，为典铺司出纳，家小康，妻某氏，刽子手女也。在家时，常病心痛，父得秘方，以人胆和药饮之，良愈。然疾时作，作必呼号数昼夜。父乃于行刑时，窃人肝以饲女，病遂已。女自食人肝后，非此不旨。父爱女，蓄为常馐，嫁后仍私馈之。逾年，父殁，女思人肝不能得，家有二婢，大者十三四岁，小者十余岁，女谓大婢曰，汝发腻盍沐诸。婢汲水濯发，女复令小婢趁墟市物，乘婢俯首于盆，亟以刀斫之剖其腹而挖其肝，因思人肉味亦必佳，遂支解之以为腊。小婢归，见之无人色。女曰，若漏言，并啖汝矣。至夜，沉婢之首及手足腑脏于河。越日浮出，乡人疑两日不见黄家婢，遇害者当即是，挝其门，坚闭不启，升屋窥之，见女方据案而食，曰人肉味亦甚甘，奚必肝耶。咸大骇，奔告黄及婢之父母，将鸣诸宫，黄哀恳备至，赂乡人金，并以重金贿婢之父母，其事始寝。

毒　药

《三借庐笔谈》载，陆放翁《避暑漫钞》，言宋毒药库药共七等，用以杀不廷之臣，鸩毒则在第三，其上更有手触鼻嗅而立死者，不知何药。按南墨利加诸岛，有毒木，人近其影即

死，子触其枝叶亦死，见《海国图志》。

《三借庐笔谈》作者邹弢，为清末吴中名士。

某道士

《南皋笔记》，清岷江杨树棠作，卷四载有某道士者，峨山人，其初在俗时，与某氏妇通，妇姑表行也，同往华山进香，途中见野兽牝牡相交，情欲遂动，相与野合，竟不得解，俨然鱼之比目，鸟之比翼也。过其处者多见之，有与相识者来，乃合并升之归。两家父母，为讽诵皇经百卷，代求忏悔，始得解脱，然某则玉茎已落，阴凹如妇人，妇则阴户中生一物，挺出如茄，若医家所谓阴挺者。其后妇以羞恚死，某出家为道士，尝携鱼鼓简板，唱道情以劝世，上年来游青城，人犹识之云。

行军携妇人

《广阳杂记》载，建义侯林兴珠虽老，不能一日无妇人。清制，惟王行师可携妇人，贝勒贝子公，皆有定数，公以下不得有。林以女子髡其顶，诈为男子装，置帐中。兴珠不能交结诸当事，更不善事上之左右。初，上命侍卫佛宝关宝随师来，兴珠以帐有妇人，不令二人坐。来则坐之帐外烈日中，二人以此怨之。归谮之于上曰。兴珠固善战，然轻佻不持重，无大臣体，且私携妇人。上曰，彼老非妇人不适，可无问也，然以此少之。

欢喜佛像

同书又载，躬庵于燕都曾见一簏，中藏乌思藏欢喜佛像二躯，作男女交媾状，非金非石非木，俨然血肉也，须发皆真，不知其为何物。

人 肉 价

清陈康祺著《燕下乡脞录》卷下载，同治三四年，皖南到处食人，人肉始卖三十文一斤，后增至一百二十文一斤。句容二溧（溧水溧阳），八十文一斤。

粤　妓

《津门杂记》载，粤妓寄居紫竹林者，衣饰簪珥，迥异北地胭脂，俗称曰广东娼，或伴洋人，或接广客。又《淞南梦影录》载，粤东蛋妓，专接泰西冠盖者，谓之成水妹，门外悉树木栅，西人之听歌花下者，必给资而入，华人则不得问津焉。以上二书皆清末时人作。

土耳其的后宫

据说，青年土耳其实行革新运动时，他们的第一项行动，就是进袭雅尔地兹王宫，将苏丹在后宫所幽闭的一千多名宫女加以解放。

有人说，当年土耳其的革命，虽然有其政治的，经济的，乃至宗教的原因，但根据上述行动看来，新土耳其青年反抗数千年来被压迫的性生活，未始不是革命动机之一。

近东一带回教系统下的民族，他们的性生活，大都是不自然的，对于女性尤其压迫。这现象在土耳其被表现得更露骨，尤其是后宫与面幕制度，全然使土耳其女性不仅失去了性的自

由，而且更漠视了她们人性的存在。

土耳其女子的面部，是被禁止给丈夫以外的任何成年男子看见的，因此出外时必须以面幕罩住。女子戴面幕的习惯，回教《可兰经》上虽没有明文规定，但习惯的权威有时胜过了法律。不仅没有一个女子敢光了脸到街上去行走，就是男子方面，若是偶然窥见一个面幕被风吹起的女子，礼貌和风俗都使他必须回头避而不见，否则女子的丈夫或尊长有权要向他提出交涉。

就是丈夫，土耳其的丈夫也只有到了新婚之夕，才第一次见到自己妻子的脸，他见到了她的脸，同时也就见到了她的裸体。旧时土耳其的婚姻制度，双方是凭了父母之命媒妁之言来决定的，因此夫妻双方要到新婚之夜才有见面的机会。

至于后宫制度的由来，据泰洛氏的《后宫生活》一书所研究，其来由与游牧民族好勇狠斗性格有关。据泰洛氏说，在回教势力未曾统治近东以前，小亚细亚及阿刺伯一带杂居无数游牧民族小部落。他们终年战争，男子逐渐减少，女子过剩，遂无可避免的形成了多妻制度。同时，为了人口关系，宗教和习惯都奖励杂交。《可兰经》禁止男子接近怀孕女子，以为不洁。这不啻就是暗示，丈夫在妻子怀孕之后，可以接近第二个，乃至第三个女子。同时，相反的，女子方面则竭力避免怀孕，因为一旦怀孕之后，她的性生活便要暂时断绝了。

旧时，土耳其的家主，有权可以和住在自己屋内的每一个妇女发生关系，同时，《可兰经》也规定每一个丈夫可以同时娶四名妻子。但实际上，土耳其贵族阶级的后宫妻妾，成百乃至成千都是常事，而且设有太监终身看守。

说来几乎使人不肯相信，对于这样终身幽闭生活，土耳其女性本身似乎并不感到苦痛。这乃是由于生活，教养，乃至人生观，使她们安于这样生活，而且从不曾想到世上除了她们命运注定的生活之外，还有其他生活。

土耳其的女性，从小就以服从丈夫，终身幽闭于后宫，供丈夫享受为教养目标。她们所受的性教育，比今日任何文明国家的自由女性所受者为多，但这一切仅以娱乐丈夫为目的。她们从小所娴习的舞艺，就不外是性的动作的韵律化，艺术化而已。

深处后宫的旧时土耳其女性，虽然接近男子的机会被隔绝，而且丈夫在事实上雨露难遍，但她们自身并不寂寞，而且从不放弃享受逸乐的机会。以性的享受为中心的教养，使她们知道当自己的丈夫不在场时，她们同伴之中如何彼此获得安慰

和满足。据泰洛氏研究，土耳其后宫妇女同性恋倾向的发展，全然是生理上无可避免的现象。

《可兰经》对于有夫之妇犯奸处分极严，第二十四章规定，有夫之妇与人通奸，奸夫与淫妇双方都要受杖一百，而且对于女子可以自由处死。这严厉的教条，以及风俗习惯和环境，使得终身幽处后宫的旧时土耳其妇女，虽然表面上生活似乎很寂寞，但事实上，她们却懂得怎样彼此安慰并获得享乐。

世态笑话

周作人曾辑有《苦茶庵笑话选》，搜集了不少明朝的笑话。这里所录，则是出自另一来源。表面上看来，虽然只是博人一笑的小东西，事实上却包含着对于社会上许多事情的讽刺。笑话笑话，实不仅是笑话而已也。

一

三山士人郑唐，有逸才，好讥谑。有老人画像，求他题句，他写道：

精神炯炯

老貌堂堂

乌巾白发

龟鹤呈祥

老人初不甚觉，经人指点，横读第一行［原文是竖排版式——编者注］竟是“精老乌龟”四字。

二

饶州有女尼，嫁士人张生，乡士戴宗吉，为诗赠之云：

“短发蓬松绿未匀，袈裟脱却着红裙；于今嫁与张郎去，首得僧敲月下门。”

女尼诵诗，为之一赧。

三

一个人肚子里饿不过，便跑到人家去讨饭吃。他走到门前，向妇人家说，我能补破针鼻子，但要些饭吃。于是妇人一面给他饭吃，一面寻出许多破鼻子针。那人吃完了饭，妇人说，可以补了。他翻检一过说，把那边破掉的针鼻拿来。

这落掉的半边针鼻子从何处去寻呢？妇人才知道是受了骗。

四

一个秀才欲向路旁人家投宿。其家只有一个妇人，倚门答道："我家无人。"秀才说："有你。"妇人见他误会，再说："无男人。"秀才指着自己说："我是男人。"

五

一人向晚向寺中借宿。许愿说："借我一宿，我有个世世用不尽的东西送给你们庙里。"

和尚们大喜，盛备素斋款待了这位施主。

第二天临行时，和尚向他要宝物，他指着檐下一卷破帘子说："以此折作剔灯杆，世世用不尽也。"

六

和尚叫斋公屏息万缘，闭目静坐。

一夜，斋公坐到五更，突然想起某日某人借了一斗大麦未还。第二天，斋公向斋婆说：“禅师叫我静坐果然有益，几乎被某人骗了一斗大麦去。”

七

苏郡太守杨贡，因为民间喜欢隐田，乃实行丈量之法。有好事者，见他这样办理，对于小民甚是不利，便写了一首歪诗投给他。诗曰：量尽山田与水田，只留苍海与青天，如今那有闲洲渚，寄语沙鸥莫浪眠。

太守为之动容，便把丈量法废了。

八

沈文卿为吴中老儒。某夜，读书至宵分，灯荧荧欲灭，忽见贼在室中掏物无所得，乃从容喊道：“穿窬君子，虚劳下顾，某辄有小诗奉赠”，乃长吟道：

“风寒月黑夜迢迢，孤负劳心此一遭；只有古书三四束，也堪将去教儿曹。”

九

有塾师教人读“郁郁乎文哉”，讹为“都都平丈我”。诸童皆习而不悟，门庭常满。某日，有宿儒来纠正，生徒一哄而散。时人作打油诗嘲之云：

“都都平丈我，学生满堂坐；郁郁乎文哉，学生都不来。”

猎头民族

非洲法属刚果有一部份未开化民族有猎头风俗，但以猎头风俗驰名世界的却是南洋婆罗洲，托利斯海峡一带的诸野蛮民族。

以人类头颅为对象的奇异风俗有两种：一种是道义的宗教的，即将祖先的或英雄的头颅加以保存，即所谓“头颅崇拜”。另一种则是爱美的世俗的，为了恋爱的动机或个人利益的动机而猎取他人的头颅，即所谓“头颅猎取”。这里所要讲的便是具有后者这种奇特风俗的南洋猎头民族。

新几内亚南方的马瓦达，当地土人便是以猎头著名的民族。他们杀了一个敌人之后，便将他的头割下，用一根竹杆插入下颚，这样高举着凯旋。割取人头，规定要用一种特制的竹刀。人头拿回家之后，放在火上烤干，拔去毛发，这时，村中的少女便团聚起来，旋绕着跳舞，一面唱歌。烤干的人头再刮净皮肉，然后便在头盖骨上塑入一块木楔，挂在门前的木杆上。

一个青年人如果要结婚，他至少要有一个这样的人头才有资格，否则没有一个女子肯嫁给他。为了这原因，青年人便不得不出外猎取人头。有时，他们藉口去探访朋友，住了一些时，回来便带着几个人头。这些人头大都是花钱买来的，可是亲友们都认为这是勇敢的表示。女子也乐意嫁给他。在马瓦达地方，一颗人头的代价大约是一只独木舟。

割头的竹刀是以特殊技巧制成。即以一根粗大毛竹削成□片，用绳缠住一端作为握手。应用时，以贝壳的薄片在握手处刻下一条痕，然后从竹片的尖端向下撕去一条竹皮。这手法是要技巧的。据说，这新剥去的竹青的竹片锋口十分锐利，足够杀人。但仅能应用一次。第二次用时，即要用贝壳另刻一痕，重新撕去一层竹青了。《南洋猎头民族》的著者赫德顿氏说，他曾购得一柄竹刀，其上有贝壳刻痕五道，表现这刀曾割过五

个人头，又有一柄其上竟有刻痕九道。

更使人谈虎色变的是婆罗洲萨拉瓦克地方的猎头民族。这地方，据民俗学家的研究，他们猎取人头的最大动机，正如前面所讲的马瓦达地方一样，是以取悦于女性为目的。只有一个勇敢的青年才可以猎得人头，而一个可以猎得人头的勇敢青年，在结婚之后无疑对于自己妻子可以尽最大保护之责。因此没有猎取人头纪录的男子要想结婚几乎不可能。猎头风俗的成因虽然很复杂，但最重要最合理的解释该从这方面去认识。

除了取悦女性以外，猎取人头的动机便是为自己未来的利益打算。许多野蛮人都迷信灵魂不灭及死后阴间生活的存在。既然谁都要死，活着的时候便不妨为死后的生活打算。野蛮人相信人的灵魂是跟随着他的头颅的。取得一颗头颅，便是取得一个人的灵魂。一个人如果藏有十多颗人头，他在死后便不愁没有人服侍了，因为这十几颗头颅所属的灵魂都成为他的奴隶。

正像我们的财主时时差一个用人下乡去察看他们的田产那样，南洋猎头民族的“财主们”，也不时要杀掉一两个奴隶，以便可以有人预先给他在阴间布置保管一切。

为了这个原因，“人头”也就成了财产。当获得一个新的人头，自己的财产增加了一份时，他们便要以烤猪肉及米酒塞到骷髅的口里，以便向这些死灵魂取悦，同时更要在头骨架上挂一排木钩，以便将来可以钩取更多的人头。

土人对待猎得的人头一如对待生人一样，而且相信这些人头具有一种魔术和巫力。他们不敢在人头架前泄露任何秘密，而猎得一个人头之后，除了世袭保藏，或则郑重的赠给朋友之外，是不能随意弃置不顾的。有时，为了迁居，不愿将旧的头骨携入新住所时，他们要为人头临时另造一间小屋，预先将人头迁入这间小屋，然后全家私逃似的逃入自己的新住所，以免那些死灵魂追随不舍。

史书秽语及其他

史书秽语

《战国策》，宣太后谓尚子曰："妾事先王也，先王以其髀加妾之身，妾困不疲也；尽置其身妾之上，而妾毋重也；何也？以其少有利焉。"又《唐书》，则天朝，张薛诸人承辟阳之宠，右补阙朱敬则上书切谏，中有"陛下内宠，已有薛怀义张易之昌宗，固应足矣，近闻尚食奉御柳模自言子良洁白，美须眉，左监门卫长史侯祥，自云阳道壮伟，过于薛怀义，专欲自进，堪充宸内供奉，无礼无义，溢于朝听”云云。则天得谏，劳之曰，非卿直言，朕不知此，赐彩百段。夫闺房掩面之谈，而君臣相告，从容金殿之下，慷慨细旃之上，史官见之，亦不删削，流传至今，可谓奇事。

秘戏石

邵阳魏百平，为鄞县柴小梵君知友，柴所著《梵天庐丛录》载，百平在广东电白山中，得巨石卵数颗，爱其洁白光莹，命工剖之，将以作砚，工既剖开，石心有男女交合图画，赤身裸体，眉目秀丽，动人情处，尤格外分明。百平异之，命更剖其他，则皆有之，而面目姿势，石各不同。百平乃更向山中觅石，一一剖之，凡得十八石，宝爱甚，载以归。有西人见之，叹为异宝，愿购取其石，反覆论价，竟以五千四百金易以去，百平竟以小康。后复至电白觅石剖之，已无图画矣。

人皮鼓

四川万县东郭一小寺内，有鼓一具，击之，声不激越，然

甚洞明，光映之，内如燃灯。寺僧云，是张献忠军中所用之人皮鼓，鼓板取最巨之牛骨为之。献忠每杀人，择伟大者二，剥皮作灯笼，或制鼓，齿作骰子，足胫小骨作鼓柱。后嫌其腥，俱弃之，寺得其一，宝存之。按古有衅鼓之祭，系杀人以血涂鼓为祭。若以人皮为鼓，实未之前闻也。

梭背裆

有旗人锡元庭者，曾有内务府服官。据其语人，咸丰末年，文宗以海内骚乱，视为无可挽回，西狩木兰，实备事急东归之计，同时又纵欲自戕，以冀速死，故近侍宫人，裤皆开裆，名梭背裆，便其随时可以幸御也。及后，虚亏已甚，犹日服方剂以振其欲，惟下体畏寒异常，及冬尤甚，乃于衣袴内特制一物以温下体，系以貂皮缝缀，而袭以黄绒，缀扣带，以便系援，归内务府承造以进。锡君曾亲见之。

西藏奇俗及其他

西藏奇俗

西藏某一部落的番人，习俗重男轻女，男孩初生未逾三日，必诡言为女，以防神妒。又于小儿阳具涂以煤烟，且以银环束之，据说不这样，夜义神便要将孩子的阳具盗去，使其重行化为女身。

偷生菜

上海虹口一带，粤侨旅居者颇多，据上海本地人相传，广

东妇女之艰于子嗣者，往往夜窃人家生菜食之，云能生子，因取生菜字义之吉利也。某年新闻报曾记鸭绿路有某粤籍妇人偷邻家生菜，邻妇为宁波人，其迷信较粤妇更甚，认为窃取生菜，苟因此怀孕，即不啻窃取其家子孙，互相吵闹不休，几至扭入捕房，一时传为笑谈，曾有打油诗纪其事：“生菜盈盈中夜青，偷将玉手向园丁，夜深只恐多风露，未必张仙许乞灵。”

今来粤多年，绝未闻人言及偷生菜事，岂习俗已有变迁，或传闻之误耶？

租　妻

宁波有租妻陋俗，与湖南相仿佛。出资若干，限以年限，限满仍归事故夫，限内所生子女，为承租者所得。间有相处年久，不愿复归，而如典物之找价卖绝者，俗谚所谓十典九牢是也。《西山日记》载孝丰高奎，贾于吴门，有一人以数金质其妻，奎竟还之，后生子成进士。明袁中郎《江南子》诗注，“余在吴，见博徒有典妻者”，见《袁中郎全集》，是吴门前亦有此风俗，现已绝矣。今惟甬东一带犹存，尤以舟山为盛，凡贫不能俯畜其妻者，辄出租于人，盖夫既可得钱营生，而妻亦可以免冻馁。生活逼人，非可与语廉耻矣。

畅乐馆

鸦片之役，英夷海军沿长江进迫江宁，沿江一带蹂躏颇甚。凡妇女姿首稍美者，即不免污辱。相传镇江有富翁张亦曾者，见而大愤，特设密计，出巨资至淮扬一带搜罗娼妇数百人，色绝艳，而皆身染毒疮者，在扬州钞关设妓院数十间，专款接英兵，而特廉其缠头，甚或分文不收。英夷以其价廉物美而且便利也，众趋之，良家妇女得免荼毒者颇众，时人颇德之。张所设之妓馆名曰畅乐馆。未几，《南京条约》成立，英夷撤兵，显已大半身染毒症矣。

又，庚子之乱，外兵至正定时，正定守江君，亦曾出资招集土娼百余人，分藏各民家，预立标识，外兵入城搜括妇女时，即由城中无赖引往其地，良家妇女得以全贞者亦不少。此皆于无可奈何之中而设法保全万一，均足嘉也。

春杯春画

《梵天庐丛录》载，吴门有某世阀，姬妾数十，主人年老，不能遍御。一日，有世谊周姓者至其家闲坐，周故风度翩翩，俨然潘安仁王子晋一流人，其家一妾慕之久矣。坐定献茶，妾来伴谈。周启盛茶盖碗之碗盖，见盖之正中，有彩画，细视之，乃一春画，男女拥合，仅二分许，须竭目力，始能辨之。周不禁面赤，是妾乃绝无羞容，从容谓周曰，君真少见多怪，是亦何足奇，曷更持盖向光映之。周如其言，即泑白内四周复有一十二幅，状各不同，淫态秽色，区区一杯间尽之矣。周难故矜持，大笑不止。是妾则斜睨作态，周若不觉者。及饮茶毕，则见杯底亦有一幅，初为茗叶所掩，不能见，今倾杯乃见之。周谓是妾曰，今日饱观珍奇，实为梦想所不及，然鲁男子实不可动也，竟辞而出，从此绝迹不往。

按瓷器作春画，盛于明朝，尤以穆宗为甚，《敝帚轩剩语》曾载，“幼时曾于二三中贵家，见隆庆窑酒杯茗碗，俱绘男女私亵之状，盖穆宗好内，以故传奉命造此种。然汉时家则凿瓦画壁俱有之，且有及男色者，书册所纪甚俱，则杯碗正不足怪也。以后此窑渐少，今绝不复睹矣。”

又近人许氏所著《饮流斋说瓷》，则谓杯碗之有春画者，系属于压胜之作，其说如下：“压胜瓷品，颇为猥亵，明穆宗好内，故隆庆杯碗始有之，清康熙雍正乾隆道光诸朝亦有递作者，旁及花囊屏枕诸器，风斯靡矣。然汉广川王画屋，已有此种，则滥觞为已古矣。若但写风怀，含蓄不露者，犹为彼胜于此也。”

春画酒杯，日本亦有之，多年前曾在上海见一器，杯中作男女狎媟状，女子高踞在上。杯外题诗一句，其意云：“啊啊，我这样子，不怕神明见了都要动怒吗?”是盖女子之口吻，颇饶风趣。至若仅绘男女生殖器之一种，则鄙俗不足观矣。

至于春画，则相传始于汉广川王画屋，又汉时冢墓间多有

之，系用以压邪者。至于绘于楮帛上，世以明仇十洲唐伯虎最工。近人传广东南海某画师，最工此艺，专业十七年，遂以致富。画师有女名阿青，年及笄，日窥乃父所画，久亦能执笔，淫艳动人，反有跨灶誉。南海令某密嘱某画师绘一全套，须有一百零八幅。画师日夕构思，成百有五幅，更不能续矣。阿青虑父焦苦，于密室手绘一幅，进呈诸父，展页勘对，竟无一雷同者。父初大喜，既而长叹曰，败吾家者，必汝淫婢也。操刀欲杀之，女走而免。画师自是绝笔不复作。

嫂姑成孕

清赵吉士所著《寄园寄所寄》，曾引《开卷一噱》所载传闻一则，谓昔有兄嫂相戏，为小姑窥见，小姑次日即要求阿嫂照样表演，以致余精流入小姑体中，因而成孕之奇闻。赵氏未言及此事出处，今阅明人笔记，始知此事发生于明正德年间，且曾引起诉讼，山左某氏藏有此案之判词，载《梵天庐丛录》中，情节极奇离巧合，天地之大，真无奇不有也。原状名"钱李氏遗精复度招情"，词云：

招状妇李氏，年三十五岁，直隶应天府上元县民妇招，正德五年三月十九日，有夫钱臣，前往母舅张廉饮

酒，更深醉回，见氏针凿寄候，不知乘其酒兴，遂搂抱推倚床沿，百般戏弄，姿意淫乐。比有小姑钱氏，因与氏卧房间壁，闻氏与夫淫声交杂，不合挖开壁洞，窥氏与夫交合情状，想已动心。次早天明，氏夫早出，姑即前来，含笑对氏说称，你与哥哥昨夜扭在床上许久，所作何事。氏又不合明说，你哥醉酣乘兴，色欲迷心，与氏顽耍一场，今早到上元县公事前去。姑又不合含笑忍耻称说，你两人交合形状，我皆看见，可照样与我一做，便了，不然，我要说知与人，氏又不合听从，随将小姑抱向卧床，各脱裙裤，挽起双足，效作交欢之状。以致两阴相合，弄假成真。是氏淫情兴动，将夫所遗元精流入小姑阴门，欢乐一番各散。不料小姑以后顿觉精神迥异，经闭腹高，遂成胎孕。当被伊翁凌铣告府，批行本县案下，拘氏与夫姑到官，审问前情明白，是氏不合与姑隐蔽前情，致生事端，姑遂成孕，蒙台疑有私通虚诳，当拘稳婆沈氏验看小姑阴门，委实未曾破身，果是遗精复度。又恐未的，再拘江宁县稳婆姚氏，覆验无异，所招是实。

旋奉议云：

一议得李氏钱臣氏等所犯，俱依不应得为而为之事，合依律的决杖八十，奉大诰减等，各杖七十，审各有力，照例取赎。钱氏仍候所孕轻身，给与钱臣收养，照旧配与凌铣次男为妻，两家无得再生异议。

按近年西洋医学所试验之人工受孕术，能以新鲜男子精液，保持原有温度，注射于女子腔内，虽男女两人相隔千里之外，亦可成孕，似此则李氏钱氏之遭遇，从科学立场而言，亦有发生之可能也。

幽闭笑谈

日前某报谈中国古代刑法，谓五刑之一宫刑，男子是阉割，女子是幽闭，谓幽闭即拘禁之义，且释为“因在野蛮时代，女子倘使成了俘虏的话，战胜的人，还要用她来满足性欲，觉得过不去，故代以坐牢狱”云云。按中国古代对于女子所施宫刑，系以手术使其下阴闭塞，人道不通，故名“幽闭”，今某君竟误会为使其本人坐牢狱，可为喷饭。

缅铃

缅铃是一种小玩意，是男子用来助兴，献媚女子的工具。据说是一种铜制的小铃，中藏某种鸟类凝结的精液少许，一沾热气即能自行颤动，相传出在缅甸，故名缅铃。徐应秋所辑《玉芝堂谈荟》载，“滇中有缅铃，大如龙眼，得热气，则自动不休，缅甸男子嵌之于势，以佐房中之术”。缅铃得名之原因，据《粤滇杂记》，谓缅甸有淫鸟，其精可助房中术，有得其余滴于石者，以铜裹之如铃，故谓缅铃。包汝楫之《南中纪闻》谓，缅铃薄极者，无可比似，大如小黄豆，内藏鸟液少许，外裹薄铜七十二层，疑属鬼工神造，以置案头，不住旋

运，握之令人浑身木麻，收藏销不谨细辄破，有毫发破坏，更不可修葺，便无用矣，相传此种鸟液出深山坳中，异鸟翔集所遗精液也，莹润若珠，最不易得。

缅铃的特点，为稍沾人体暖气，则自转动，切切如有声，因此荡妇及孀妇私蓄此器，以之纳入腔中，铃得腔中暖气，旋动尤速，快美之感，胜于近男。相传此物即在缅甸亦不可多得。收藏时，过暖过寒过燥过湿及气味恶浊之处，皆易坏，惟入室一次，则加固密，愈久而旋愈灵，诚异宝也。有曾目睹此物者，谓其大如黄豆，四周无缝，虽不知其真伪，但握于掌中，稍顷即令掌心作奇痒，实令人不可思议。

有这种神秘作用的异鸟，究是何鸟，问诸缅甸土人，他们也答不知。据《滇南杂志》载，“滇南有树，名鹊不停者，枳棘槎枒，群鸟皆避去，不敢停留，惟鸮之交也，则栖止而萃其上，精溢于树，乃生瘤，土人断瘤成丸，如鸟卵，近人肌肤，辄自跳跃，就私处，益习习然，人或骨节间作酸楚，失舒展，按其丸于骱穴，弹动少时，即苏快而愈，然极难得，故缅人以铜仿其意为之，内藏小轮，循环不已，以气温体暖相感而动，其功用悉如树瘤，亦曰缅铃，然实乃西洋所制，并非缅制也。”

这样看来，缅铃实有两种，一是自然的产物，一是人工的。产生这神秘精液的异鸟虽说是“鸮鸟”，只怕也不过是揣测之词而已。至于所谓来自西洋的“缅铃”，则确实有这种东西，是一种金属体的小球，中实水银，极光滑，女性以两枚纳入体中，稍行转侧，即互相颤动不停，能使人发生极度快感，霭理斯的《性心理研究》中曾提及此物，谓为现代女性自渎工具之一种。

锁骨菩萨

佛教经典中有著名妓女两人，一为摩登伽女，一为锁骨菩萨。摩登迦女以淫术诱惑阿难，将毁戒体，但终为佛所度。锁骨菩萨则为菩萨以众生欲念难消，特化身妓女，大开方便之门，实行普度。据《韵府续编》载，“观音大士昔于陕州化为娼女，以救淫迷，既死埋之，骨如金锁不断”，故名锁骨菩萨。所谓锁骨者，据说佛身有舍利骨，菩萨之身则有锁骨，锁骨形状，连络如蔓，动摇之则有清越之音。

《续玄怪录》载有锁骨菩萨故事颇详，明人梅禹金所辑《青泥莲花记》卷一记禅类曾收之，其说如下：

昔延州有妇人，白皙颇有姿貌，年可二十四五，孤行城市，年少之子悉与之游，狎昵荐枕，一无所却。数年而殁，州人莫不悲惜，共醵丧具为之葬焉。以其无家，瘗于道左。大历中，忽有胡僧自西域来，见墓遂趺坐具敬礼，焚香围绕，赞叹数日。人见谓曰，此一淫纵女子，人尽夫也，以其无属，故瘗于此，和尚何敬耶？僧曰，非檀越所知，斯乃大圣慈悲，喜舍世俗之欲，无不徇焉。此即锁骨菩萨，顺缘已尽，圣者之耳，不信即启以验之。众人即开墓视，遍身之骨钩结皆如锁状，果如僧言。州人异之，为设大斋起塔焉。

一说，锁骨菩萨降世为马郎妇。谓昔有贤女马郎妇，于金沙滩上施一切淫人，凡与交者，永绝其淫。死葬后，一梵僧来云求我侣，掘开，乃锁子骨，梵僧以杖挑起，升空而去。《传灯录》所载，汝州风穴延沼禅师问如何是清净法身，师曰，金沙滩上马郎妇；又，潭州灵泉院和尚问先师道，金沙滩上马郎妇，意旨如何？师曰，上东门外人无数。又问，便恁么会时如何？师曰，天津桥上往来多。皆指此事。

马郎妇之由来颇古，据《历代佛祖通载》所载：唐世佛教大行，而陕右人俗习骑射，性沉鸷，乐于格斗，鄙闻三宝之

名。有女子怜其戆，乃之其所。其人见女单身，风韵超然，姿貌美丽，群思狎之，女曰，我无父母，又鲜兄弟，亦欲有归，然不好世财，但有聪明贤善男子，能诵得我所持经，则吾愿事之。随即授以普门品曰，能一夕通此则归之，讵第二夕诵彻者竟达二千人。女曰，女子一身，家世贞洁，岂能一人而配若许人，因又授以他经，讵能诵者仍众，至第三次始得马家郎以三日诵彻法华经七轴，遂许以媒妁之礼相聘，但合卺之夕，女托他故少俟，随至别室化去，葬后不久，即有老僧来点化，谓此系菩萨“悯汝等障重缠爱，故垂方便化汝，宜思善因，免堕苦海”云云。马郎妇之由来即本此。

“安配郎”

南洋婆罗州戴亚克土人的女人，据说是世界上最懂得享乐的女人。她们不以丈夫自然发育的能力为满足，要求增加人工的点缀，而且这种要求俨然成为一种权利，如果丈夫拒绝她们的要求，她们得提出离异。

这种增加女子快感的工具名为“安配郎”。戴亚克的女人当男子接近她时，有权要求男子使用这种工具。戴亚克的男人如果没有“安配郎”这家伙，便根本不能取得女人的欢心。

所谓“安配郎”不是媚药，而是装置在男性器官上的一种小玩意，这是要施用手术，经过了相当痛苦才可使用的。孟特

加沙氏在他的名著《人类的性关系》中曾提到这东西，他解释如下：

> 只有成年的男子才有资格施行这种手术。先将包皮褪后，用两根竹枝将性器夹紧，再用湿布覆着，这样，要经过八天或十天。然后，用一根锋利的竹针将龟头横穿一个洞，以蘸油的鸽毛塞入这创口。这样，反覆的将有油的鸽毛穿入，直到创口结痂痊愈，可以贯通无阻为止。在这期间，始终要用湿布覆着，以免发炎。

在平时，戴亚克的男子就将鸽毛留在这孔里。一旦要向他们的爱人有所要求时，他们便将鸽毛拔下，换上“安配郎”。这是一种以铜，银，或黄金制成的小棒，约一寸又五分之三长，一分粗，棒的一端缀有一枚梨形的小球，另一端亦有同样的球，不过是可以拔下的，当“安配郎”放入孔内之后，然后再装上。两端装上梨形小球之后的“安配郎”，长约二英寸，粗约五分之一英寸。

安配郎的长短可以伸缩自如。戴亚克的女子们有种种习惯方法向男子暗示她们所需要的长度。她们盛饭给爱人或丈夫时，用草叶卷一只烟卷放在盘内，暗示她们的需要，或者用牙齿咬着右手的手指，暗示所要的长度。戴亚克的妻了有权利向丈夫作这种要求。在习惯上，如果丈夫拒绝了，她们可以自由离去。

她们说，如果不用安配郎，好似吃饭只吃白饭；只有用上安配郎，才有饭里加上盐的滋味。据孟特加沙氏说，他曾见有人使用两只安配郎，一只在前，一只在后。又，荷属东印度的西里伯岛，那里的土人也使用这东西，不过不叫安配郎，他们叫作“康波因”或“康比”。

著《妇人与恋爱》的鲍耳氏，也曾提及未开化民族的女子大都喜爱这类东西，他论断说：“这证实未开化女子爱欲倾向和已开化者全然不同。对于前者，她们的兴趣全然集中于性行为本身。”

母子错综

“母子错综”是精神分析学派用来归纳某种特殊型神经病的名词，这名词是弗洛伊德所特创，也有人译作“蒸母复识”。若依据原文直译，该是“奥伊地普斯型的错综心理”。通俗的解释起来，则是一种因了对于母亲的过份爱情所受到的抑压而产生的神经异常，与普通所谓乱伦关系略有区别。

为什么要叫作奥伊地普斯型呢？这典故出自希腊神话。

奥伊地普斯是地比斯皇帝拉伊欧斯的儿子。拉伊欧斯在阿坡罗神庙占卜时，神曾向他警告，说他将来必为儿子所弑，王位必为儿子所篡，因此奥伊地普斯出世后，拉伊欧斯王就命牧人将他弃在山间，并将他的双脚凿穿，用绳缚住。奥伊地普斯命不该绝，为科林斯皇帝波莱布斯的牧人所救。波莱布斯王将他收为义子，并给他取名为奥伊地普斯，即脚肿者之义。奥伊地普斯长大后，并不知波莱布斯王并非自己生父，他偶往神庙占卜，神向他启示，说他命中注定要弑死父亲，并要向母亲犯乱伦之罪。奥伊地普斯大惧，即弃家而去，想要逃避这命运。

某日，他在路上与地比斯王拉伊欧斯相遇，互相因争路动武。奥伊地普斯不知对方是自己的父亲，对方亦不知奥伊地普斯就是自己从小抛弃的儿子。决斗结果，拉伊欧斯为奥伊地普斯所杀，于是应了弑父之谶。这时，恰巧地比斯国内出现了人面狮身的怪兽，这怪兽踞守来往的大路口，要人猜谜，猜中者通行，猜不中者杀死，每日死人甚多，因此地比斯人悬赏，有人能制服怪兽者即尊为国王，并以皇后约迦丝达（即拉伊欧斯之妻）下嫁。奥伊地普斯闻信前往，怪兽所揭示的谜语是：

“今有一物，清晨四只脚，中午两双脚，夜晚三只脚，是为何物?”

奥伊地普斯回答他说，这谜语指的是人，因人幼年用手足爬行，长大后步行，老年则扶杖而行。怪兽见谜语被猜中，即投崖自杀。地比斯人见祸害被除，即如约奉奥伊地普斯国王，

并以皇后约迦丝达下嫁。奥伊地普斯绝不知约迦丝达就是自己的生母，于是犯了乱伦大罪。

奥伊地普斯既犯了弑父乱母大罪，天神震怒，于是地比斯国内天灾瘟疫，相继而来。百姓向神祷告，神藉巫师的口将奥伊地普斯所犯的罪向众宣布，约迦丝达闻信，羞愧自缢，奥伊地普斯也惊惧发狂，自己抉出了自己的双目。

这便是奥伊地普斯型错综心理（母子错综）这名词得名的由来。据弗洛伊德说，每个男孩都有这种变态病原存在，不过长大后有了适当的异性做恋爱对手，这病原便被消灭，否则便横流而成为各种变态性欲，或神经病患者了。

伊哇岛的乱伦悲剧

居住在西南太平洋，梅郎内西亚一带的棕色人种，有许多美丽的故事流传着。这些故事皆与恋爱巫术有关，因为土人相信男子对于某一个女子，或女子对于某一个男子所发生的爱，纯然是出于巫术作用。这种巫术一旦滥用或误用，便要产生悲剧。许多母子兄妹的乱伦行为便是由这原因产生，而非人力所能遏止或挽救。这类因误用恋爱巫术所发生的悲剧故事之中，最著名的是伊哇岛的某兄妹俩的悲剧。马林洛斯基在他的名著《西北梅郎内西亚土人的性生活》中，曾详细分析研究了这故事的来源，背景和给与土人道德上的影响，又在《野蛮社会的

性生活及其压制》一书中，研究这故事与母性中心社会的关联，认为是最典型的仇视父权的母系民族特产物。

马林洛斯基根据土人的口述，曾将这故事加以纪录，其概略是这样：

苦米拉伯瓦格村的某个妇人，生有一男一女，皆已长大成人。有一天，母亲正在剪裁草裙，儿子则为了希望获得某个女子的爱，正在炼制某种有巫术作用的药草。他以辛辣的克瓦牙瓦格叶与薄荷叶放入椰油中煎熬，然后以香蕉叶作盛器，将这油挂在茅屋的入口，自己便到海滨去洗浴。后来妹子从外间砍柴回家，口渴取水，走过悬挂油器的下面，有一滴油滴到她的发上，她以手拂油，然后再送到鼻上去嗅。这油已经是有恋爱巫术作用的，于是便在妹子身上起了作用。妹子心动了，她问母亲道："他呢？"（这时她的语气已经不称他为哥哥，而用称呼一般男子的口吻称呼他）。母亲听了这口吻，心里着慌道："糟了，孩子们要发疯了"，便回答道："他到海边去了。"

妹子寻到海边，哥哥正在洗浴。妹子脱下遮羞的草裙，赤身走入水中，向着哥哥走来。哥哥看见光景不对，便连忙避开，可是妹子逼着追来。他跑，她也跑。哥哥沿着海滩来回跑了三遍，妹子跟着追了三次。最后，他跑回原来洗浴的浅水滨，不胜疲惫而倒下，便被妹子捉住。他们一同倒在水里，拥抱，而且性交。事后起身，回到岸上，再度交合，然后又走到一个石洞里，两人躲在里面，交颈而卧。为了羞愧，为了懊悔，两人躲在洞里，不吃不喝，终于死在洞里。死后四肢拥抱，尚不分离。后来从他们身上便生出了带有香气的草叶，这便是土人相信具有恋爱巫术作用的薄荷叶。

据马林洛斯基教授说，西北梅郎内西亚土人爱说这个故事，反映他们对于恋爱巫术的魔力是如何重视。土人相信，即使如兄妹之间的不可侵犯的界限，如一旦误染了巫术，也毫无逃避可能，终于不得不犯了乱伦大罪。

萨地主义

有一种人，专门喜欢虐待异性，并且从这种行为上获得性的满足，这种变态行为被称为“萨地主义”，又称作“虐待狂”。

萨地主义得名的由来，是由于法国萨地侯爵的著作。萨地生于十八世纪法国大革命时代，写了不少小说和剧本，专门取材于各式各样虐待异性的故事，猥亵而又残酷，其中最著名者为《朱丝丁》与《朱丽叶》，因此近代病理学家以及性心理研究家，便将有虐待异性倾向的性欲变态者称为萨地主义者。

关于萨地主义的定义，霭理斯曾说：“最简单又最通常的定义该是爱宾氏的，即所谓这是一种与性欲有关的给与异性以苦痛或运用暴力的欲望。”摩尔氏的定义则更完备，他将萨地主义的现象形容为“一种倾向于殴打，虐待，侮辱自己所爱的异性的性欲冲动……”此外，布洛哈，施密斯诸性学权威，也曾各有各的定义，但大都不出上述范围。

西班牙人喜欢看斗牛，中国人喜欢看杀头，这都是一种嗜好残虐的心理流露。弗洛伊德学派心理学家是将人类一切行为都归源于性欲动机的，因此他们说，这种人都有虐待狂的倾向，都是萨地主义者。

情欲的表现，男子多是主动，女子则向来被动的，因此萨地主义者大都是男性，女性比较占少数。

最浅近的萨地主义倾向是精神的或语言的，如说“我真爱得你要命”，或“我恨不得咬你一口”，都是这种倾向的流露。最厉害的则甚至真要将异性杀死才获得性欲的满足。性心理学家将萨地主义分成四个阶段。第一阶段即如上述，患者仅在语言或文字上满足这种欲望。第二种则趋向打情骂俏，捏一把，咬一口以求满足。第三阶段则渐渐要残害对方的肢体，冲动过份时甚至要扼死或谋杀对方始获得满足。第四阶段则已成为疯狂，患者往往向异性施行强暴，事后更加以杀害，割取其乳房

或性器官，甚至将其肢体加以支解以为快。第一二阶段患者甚多，不足为怪。第三阶段患者则有时会在人丛中割取异性衣服，甚或暗中以利器戳伤少女以获得满足。第四阶段则纯成为疯狂性的犯罪了。

历史上有许多人物都有虐待狂的倾向。以杀人为乐的暴君以及虐待同性的妒妇都有这种嫌疑。不仅人类这样，许多动物昆虫都是“萨地主义者”。雄猫交尾时要咬雌猫的颈项，蝦蟆有时会将它的配偶扼死，雄蟹往往在配合时拗断雌蟹的脚。不这样则似乎不能满足，萨地主义可说是生物普遍的嗜好。

马索希主义

马索希主义是萨地主义的反面。萨地主义者以虐待异性而获得性的满足，马索希主义者则恰恰相反，以忍受异性虐待而助自己获得满足。萨地主义一译作“虐待狂”，马索希主义则有人译作“自虐狂”。

马索希主义这名词，是爱宾博士所创造，其来源与萨地主义一样，是由于马索希氏的著作。马索希为西班牙，德国与俄罗斯的混血儿。据德国希利讫特格洛尔氏所写的马索希传记说，马氏自幼就有一种特异的嗜好。

自孩提时代，一切残酷的事物对于他就有一种异常的吸引

力。他喜爱注视行刑杀人的图片，爱读殉道者的传闻，而自发育以后，就时常梦见自己在一个残酷的妇人势力之下备受虐待。十岁时，马氏无意中窥见其亲戚某伯爵夫人的隐事。伯爵夫人素以凶悍著名，在床笫间也处于主动地位，其情景使马氏深受冲动。伯爵夫人虽然凶悍，但颇美艳，于是马氏幼小的心顿生爱慕。伯爵夫人的皮裘颇多，马索希觉得披着皮大衣的伯爵夫人更有特别吸引力。马氏每藉故为伯爵夫人服役，更衣取水，无不乐从，伯爵夫人亦以一种傲慢心情接受马氏的爱。某次，马氏为伯爵夫人着鞋，情不自禁，捧伯爵夫人白而肥之玉足狂吻，伯爵夫人以脚蹴之，马索希即感到异常的快感。此后每忆及此事，即禁不住自渎。

又有一次，伯爵夫人外出，马索希在夫人房中假寐，伯爵夫人忽携一情人来家幽会，马索希伏于隐僻处偷窥，夫人以皮鞭抽打裸体之情人，情人蜷伏呻吟，毫不反抗，似有无限快感者。无意间，隐蔽马氏之衣幛忽坠地，伯爵夫人见马氏在房内窥探，勃然发怒，即以手中之鞭鞭之，马氏抱头鼠窜，但同时则感到异常的快感。马氏逃出房后，回忆身受鞭打时的滋味，不禁再返身潜至房外，这时房门已闭，马氏侧耳细听，唯闻伯爵夫人的皮鞭声与情人的呻吟声，自己冲动万分，竟至白泄。

马索希作品中所描写的大都是这类故事，于是性心理研究学者，遂将有这类变态性欲倾向的人呼为“马索希主义者”。

马索希主义者，女性多于男性。因在恋爱心理上，女性每以尊重其对手，加以崇拜，承认其权威为乐。这心理发展至极端，便变成接受自己所爱的人的虐待为快乐，非此几不能获得性的满足，于是遂成为自虐狂。

最极端的男性马索希主义者，不能从正常的性生活中获得满足，他们有时不得不至妓寮，出钱雇用妓女，命其故作凶态，向自己施行种种虐待，从而获得满足。变态性欲的医案中关于此类现象记载者甚多。

拜物主义与拜物狂

对于异性或所爱的人的身体某一特殊部份，或是这人所有的衣物及零星物件，发生特别爱好者，这种倾向名为“拜物主义”。拜物主义与“拜物狂”不同。拜物主义者是因物及人，如忱某一个女人，因而觉得她的光可鉴人的黑发或纤长的手指特别可爱之类，皆属于拜物主义之列。“拜物狂”则恰恰相反，所爱好者仅为某一女子的头发或手指本身，并不爱别的部份，甚而凡是女子的头发，不问老少美丑，识与不识，一见即爱不忍释，甚之即以此作为单恋自渎的对象，想尽千方百计以获得此物（如女子的头发或手巾之类），虽犯罪杀人亦无法自制，是为“拜物狂”。

拜物主义在某种限度内是人类生理的常态的现象。拜物狂则是病理的变态的了。

爱好异性或自己所心爱的人的肉体某一特殊部份或某一特点，以及和这人有关的物件，实是人类极寻常的生理现象。女性的乳房以及臀部常常成为男子崇拜爱好的对象，但这种倾向显然不是病态的。有人听了他的爱人说话的声音就心动，有人见了他的爱人的赤脚就冲动，有人特别爱好女子的头发，有人特别爱好女子的眼睛。有些女子自称特别喜爱被有口髭的男子接吻。凡此种种，皆属于拜物主义之列。然而皆不是病态的。

由这倾向推演下去，进而觉得对方的某一件衣服或某一种物件特别可爱，甚而一见此物即引起强烈的冲动，都仍是属于正常的生理现象，并不能算是拜物狂。

但当这些物件或身体的某一部份，不论其属于任何人，单独的成为爱好的对象，乃至发泄肉欲的对象时，则这种倾向就成为变态的了。

性欲变态的拜物狂者，如果他所爱的是红色的女衣，则一见了任何女性的红色衣服即忍不住冲动，对其他任何事物乃至正常的性行为均不感兴趣。崇拜女性头发的拜物狂者，他们甚

至在大庭广众之间，公然强吻女子的头发，甚或身怀利剪偷偷的剪去一丛。

据塔尔弥氏的医案记载，有一年逾三十的男子，已是两个孩子的父亲，家庭情形良好，这人每隔二三月即要发生拜物狂一次，每次发病时间要继续四五日。在这期间，他酷爱女子的手巾，用尽一切手段去搜罗。在每次发病的四五天短短时期内，他往往能偷得百余条女子手巾。发病时间一过，他立即将这些手巾毁去。他平时因这病症极感痛苦，深恐行窃时一旦被人发觉要败坏自己的名誉，但一到发病时又完全失去自制能力。

拜物狂患者，女性极少，通常皆属男子。

梅毒始原

一般人常常将花柳病与娼妓并论，似乎说这是二而一，一而二的东西，没有娼妓便没有了花柳病。霭理斯在他的名著《性心理研究》中指出（第六卷《性与社会的关系》第八章论花柳病），说这见解是错误了。花柳病与娼妓并没有不可分的联系。前者是医药问题，后者是社会问题。他们的混而不清，仅是表面现象。在基本上，这两者是截然不同的。即使娼妓全然绝迹，如果关于医治花柳病的医药问题不完全解决，花柳病依然不能绝迹。反过来说，即使花柳病受到如麻疯那样的严密的控制，仍丝毫无补于如何解决娼妓问题。

花柳病种类不一，最主要的病症是梅毒。不仅这样，古代人每每将梅毒包括了花柳病全体。当代这方面的权威学者伐奈尔氏曾指出，梅毒，酒精，肺痨，实是流行于现代世界的三大瘟疫。在他说这话以前，著名的哲学家叔本华也说过：梅毒为现代文明特殊现象之一，许多社会关系都直接或间接的受到它的影响。据德国布洛哈博士说，叔本华说这话实是慨乎言之的。据可靠的考证，叔本华于一八一三年曾沾染梅毒，这不仅影响了他的人生观，且促成了他的悲观哲学系统。

哈费尔堡氏在《健康及疾病与婚姻之关系》一书中说得更好。他说，梅毒如商品一般，凡现代文明所及之处，无不流传。在目前世界上，除非洲中部及巴西中部一小部份外，皆有它的踪迹。

关于梅毒的起源，诸家见解不一。大部份的权威者，都认定梅毒流传于欧洲，是与发现新大陆有关，是在十五世纪末，由哥伦布的水手们从美洲带到西班牙，再由此向东发展，由十字军带入近东，再向世界各处分布的。十五世纪时，当时对于梅毒的名称是“印度病”。

同时，有许多证据和文献记载，又表示梅毒已流行于罗马凯撒时代，而罗马当时的记载则说此病来自埃及。一九零零年在巴黎所举行的医学图片展览会，有一帧埃及木乃伊腿骨的摄影，清晰显示曾患过梅毒的痕迹。古埃及时代如果已有梅毒，则依据文明传播的路线，显然来自亚洲，因此又有人主张，中国是梅毒的发源地，但中国直至十五世纪为止，并无关于梅毒的记载，且这病症在中国最初系发现于闽粤沿海一带，名曰广疮，显然是因通商关系由国外输入的。法国的布拉氏说得好，如果我们说梅毒在原人时代已经存在，这断定可能并非武断。

拿破伦的生理研究

叱咤风云，一世之雄的拿破伦，作为英雄，政治家，野心家，乃至恋人，都被人写得够了。但是，他的私生活，他的性生活究竟怎样呢？这个以前无人敢着手的课题，由于新资料的发现以及好事家的探讨，已经使我们能略知一二了。

生理学家告诉我们，决定个人性机能强弱的是由于黏液腺的分泌作用。黏液腺是一个豆形的小球体，位置在脑髓的底下，恰在鼻梁骨的后面。黏液腺分前后两部，机能各不相同。后部的分泌作用与性机能有关，分泌黏液愈多，这人的性机能愈强。

拿破伦的后部黏液腺发展情状如何呢？

据研究，拿破伦身才在中人以下，高五尺六寸。面部轮廓显著，下颚突出，手掌小而肥厚，头发黑而直，皮肤深褐。据他的医生报告，他的脉搏从未超过五十次——凡此一切，都是液黏腺发展过度的表示。

种种方面，都显示拿破伦的性机能是反常的。据他的传记家说："这类问题有时会在最不便利的情况下苦恼着他。更可异者，如不即时获得解决，或当时恰巧有其他事件发生使他分心，这要求也会突然消逝。一切女人对于他都是泄欲机器。他对于女人所注意的是性的魅力，而不是她们的社交活动。"

路得维喜，当代著名的《拿破伦传》作者以及其他人，都不约而同的指出，拿破伦从未真实爱过皇后约瑟芳或其他任何女人。他对于女人从未有过一次持久不变的情感。

拿破伦早年的暴躁不安，显示了他的黏液腺活动过度，而中年的腹部扩大，臀部与大腿的迅速扩大，判断力的衰退——如贸然进攻俄国，不顾危险进行冬季作战，都显示黏液腺机能的衰退。

拿破伦从中年以至死在赫伦拉岛，他的身体状态都显示在逐渐的女性化。据执行拿破伦死后尸体剖验的亨利医师报告说："身体各部都堆积很厚的脂肪。胸骨部份，通常此处骨骼是贴近皮肤的，脂肪也有一寸厚，腹部脂肪则堆积至寸半二寸。通身毛发稀少，头发则薄而光泽。整个生殖器官细小，似乎表示性欲的低弱。皮肤细嫩，尤其是手臂与手。体态苗条纤细。阴阜宛如女性。胸部肌肉细小，肩狭，臀部阔大。"

据性心理学者研究，拿破伦晚年的身体发展状态，如果继续下去，极有使他成为性欲变态者，尤其是男色爱好者的可能。拿破伦生平所以不曾沉溺于此道者，实因他平日态度严酷，无法与他身边各人发生亲密关系。

露体狂

有一种属于性欲变态的神经病患者，喜欢在异性面前赤身露体，尤其喜爱显露其性器官，这种病症便是所谓露体狂。伴随着这病症的特殊现象之一是自渎。患者往往向异性显露其下体时，同时实行自渎。

露体狂患者差不多全是男子。女性患者可说极少。女性历来所受的家庭教育，学校教育，乃至社会教育，都偏重在养成羞耻心和强调贞操观念，这偏重在心理上所发生的影响，使女性不易成为这类病症患者。少数女性露体狂患者，其神经在检验之下，证实已入于错乱状态，与其称之为性欲变态者，不如

称之为疯人了。

露体狂是间歇性，而且是突发性的。发作时，患者即失去理性，不能制止自己的行为。无论是在室内，在窗口，或者户外公共场所，患者会突然为一种不可抵抗的欲望所袭击，止不住向自己面前的异性暴露自己的下部。若是自己强行抑止，则即现暴躁不安，惊惶失措之状，同时胸部感觉压迫，心跳流汗。

最初运用“露体狂”这名词的是拉西卡氏。他说：这种性欲变态者，向异性暴露自己的性器官后，自己同时在心身方面即获得满足与快感，往往并不需要直接与异性发生关系。他们的行为几乎是柏拉图式的，故不常酿成犯罪因素，至多是妨碍风化而已。

以下是诸家医案中所记载的这类病症患者的实例：

有一医生，屡次向妇女及小孩裸露自己的下体。有时甚至在医室中向来求医的女病人作这变态行动。这医生后被当局控告，判决有罪，执行徒刑三月。

又一医生，地位甚高，且在医学校担任教授。某日，为一已婚妇人检验身体完毕，忽为解开自己的裤钮，将自己的生殖器塞入妇人的手中。这妇人系城中高贵家庭主妇，丈夫甚有地位，万一张扬出去，医生固然要受惩诫，但妇人今后亦将永远成为他人嘲笑的对象，故双方同意互守缄默。

又有一人，年已四十，素患神经衰弱，某日，忽然在公园中故意将自己的裤带松弛，使自己的赤裸下部显露于妇女游客之前，诸妇女皆掩面惊呼而散，这人大乐。后一次，他竟在一家百货公司向两各［个］购物的少女作这同样行动，为店伙呼警拘捕，被判罚款。

又有一人，在血统上有疯狂遗传，屡次在街上及公园中暴露自己的下部。他作这行为时，口中且吹口哨以唤起他人的注意。

女性的露体狂患者实例，如前所述，虽偶有发现，然已入于疯狂范围，而非仅是性欲变态者了。

荒唐帝王

在西洋历史上，古今以来，最荒淫无道的皇帝，大约要算罗马的尼禄王了。说来几乎使人不肯相信，可是历史却明白的记载着，有一次，尼禄王举行了一次盛大的宴会，在二三万罗马男女市民之前，他公然同一条母猪性交。历史家告诉我们，这对于尼禄王并非新奇的激刺，他不过将平日在宫中所过的生活，公开于罗马市民之前而已。

尼禄的另一“美谈”，是他与朵茹佛露斯的合卺礼，是在数十裸体宫女围绕之中举行的。

在他之前，比他更出名的凯撒大帝，则是一个男色爱好者，他曾自称为“一切女子的丈夫，同时也是一切男子的妻子”。

稍后的底比留斯王，则连威尔斯在他的《世界史纲》中，也说他沾染着一种变态的嗜欲。关于这，有一位罗马的历史家写道：“对于乳臭未干的幼儿，他似乎也不放松。就是在公共集会或是敬神典礼中，底比留斯也要一泄以为快。”

底比留斯之后的加里古拉王，在宫中为他的男侍从所弑。据历史告诉我们，这些侍从大部份是他的宠幸。

加里古拉的承继者是他的叔父克劳底斯。这位帝王的私生活似乎更下流。他的嗜好有点异常，竟以帝王之尊，甘心屈尊做龙阳君。

赫利奥加巴路斯，可说是历史上唯一爱好男扮女装的帝王。他有许多“男朋友”。他赠给他们大笔财产，更请他们做高官。

希腊罗马时代的帝王私生活既是这样，当时一般的社会流行风尚更不必说了。所谓“希腊式的爱”是纯粹官能的享受，而这种爱的对象，乃是狡童而非少女。

流传至今的希腊悲剧以及柏拉图的哲学对话，都充满了有关这种享受的记载。至于希腊神话中所传的那些大神的恋爱纠纷，其中有不少也全然是同性恋或是其他变态的。

柏拉图的师父，古今唯一大哲学家苏格拉底，据现代好事家的研究，他也逃不脱当时社会的风尚，也是一位男色爱好者。

苏格拉底之死，尽人皆知，是被判服毒自尽的。据近人研究。苏格拉底所用以自尽的“赫姆洛克”草，在当时系专门用来处置风化罪犯的。因此苏格拉底获罪的真原因，并非如世所传，谓他提倡异端邪说，而是因他与少年们同居生活过于荒唐，以致的他［他的］行动被判“败坏了少年人的道德”，令他服毒自杀。

草　头　娘

《三风十愆记》，清人著作，而佚作者姓名，记男女饮食诸事，颇诙奇可诵。其中“色荒”卷记所谓草头娘者，以色相颠倒众生，老而弥甚，有类人妖。使生于今生，当不知又吸引多少达官贵人也。

草头娘为明季丐户后裔，江苏常州人，初嫁蒋姓，蒋死复嫁黄三，黄又死，于是遂择当意者招之为假夫。假夫者，仅以给应门之役，听指使，供买办，名为夫，实则不之夫也。稍失其意，辄逐之，复招他人，是以屈指多人。人因其初嫁夫姓有草头，遂呼之为草头娘，盖隐号也。草头娘居县署后小巷，体

微丰，姿容秀媚，工博戏，能诵诗，又善调味，不减易牙。少时尝从其母出入大家，贵介子弟之不检行止者，辄与有染，故未嫁时已多外幸。既嫁，专业伴媵。邑中凡嫁女之家，非得草头娘不足耀婚礼之盛。倘草头娘不在，则举席为之不欢。遇嘉宴，虽贵客亦与同席。坐客醉，辄与之挨枕挡，无所不至。席间遇所欢，辄与订私会期，毫无顾忌。乐安氏以过昵而患消渴，天水氏以结想而病癫痫。更可笑者，爵尊乡老，亦慕其名，令侍寝一夕，捐以二十金，未几，遂成痿痺之疾，其蛊人毒人如此，而名反益噪。中年遂弃伴媵业，不复事事，辟一轩，洒扫精洁，风雅之士，闻风亦慕焉，一时堕其阱中者，指不胜屈。

年届五十后，益自敝诞，群恶少来与狎，杂沓纷呶，甚且争斗于庭，有伤目及指者。草头娘惧，乃闭门谢客，佯示矜贵，实以避祸也。而贪其色者，如蝇慕羶，卒依恋不舍，潜窥窃视，踵趾相接于户外，至有以父子而迭相来觑其门，聚麀为乐者，群恶少鼓噪逐之乃去。草头娘乃稍晦匿，佯闭门谢客，而以所邻马妪者为介，一时邑中为之语曰：要认县背后，只跟马脚走，要见娘家好，老马先喂饱。

草头娘无子，所积甚富，乃出其所蓄斋僧饭尼，邑中放生乐施等会，诸乡绅率以草头娘为善缘领袖。挥霍多金，一无吝色尝私语马妪曰：吾所以不惜耻者，欲舍身作善事，为来生福耳。邑人传之为笑柄。

草头娘晚年丑声如故，择少年之美貌者，往来不绝，为竟日欢，为长夜饮，意兴更不减少壮日。有一士人家本素封，因狎草头娘五六年而家产荡然。或问之曰：人狎少妇，亦情之常，彼年已六十余，子有何乐狎之？士人曰：子非我，安知我之乐也。彼年虽老，然发黑如漆，容色淡若，又通体肉胜于骨，肌肤柔滑如凝脂，情之所钟，正在我辈，安得不尔。其友大笑，复戏问曰：此外得无悦子媚子者乎？士人不觉色飞，拍案起早曰：有之，但此际非亲昵之不能知，即知之亦难以明言也。

香园故事

以下的故事，载印度秘籍《香园》中，系第十一章“关于妇人的诡计与外心”之附录，表示妇人一旦心有异志，即诡计百出，使为夫者防不胜防也。

有一个名叫巴黑亚的女人，已结婚，有一姘夫，但因往来过密，为众人所知，巴黑亚为名誉及安全计，不得不忍痛暂时与姘夫分离。

姘夫思念巴黑亚，日夜不舍，几致成疾。

某日，姘夫往晤其朋友某君曰：“我思念巴黑亚欲死，君为我之好友，能偕我冒险同往一探乎？”其友欣然承诺。

次日，二人同至巴黑亚所居市镇，入一旅店。姘夫嘱友人往觅巴黑亚之侍女，并告以侍女容貌，嘱其一见侍女之后，即将己意转达。

友人果于某处寻见侍女，即以姘夫之意告之，侍女回家转告巴黑亚，巴曰："请告前途，请于今晚在某时某地某一颗树下相会。"

届时，巴黑亚果然来相晤，姘夫大喜欲狂，互相拥抱，即要求寻一机会幽欢，而不为丈夫所觉。巴曰："此甚容易，但我欲预知。君之同伴友人，乃系诚实可靠之人乎？"

姘夫谓系知友，绝对可靠。巴黑亚闻言，即脱去己身衣服，亦命其友脱衣，而互相更换，男扮女装，女扮男装。其友不解其意。巴曰："君闭口莫言，如此所嘱行事可也。我家在某处，我之卧室在某处，床在某处。君可直入我卧房，卧于我床上。黄昏，我夫必入我室，询汝牛奶罐何在。汝不可发言，待彼询汝第二遍时，汝即从床下以牛乳罐授彼。彼即无言而去。待彼取牛乳罐归来后，汝亦俟彼唤汝至第二次时始接其罐，汝可饮去牛乳二分之一，即安心睡眠，通宵无事矣。"

其友如巴黑亚所嘱而行。一切皆如所料，顺利无事，但不幸当其伸手接受牛乳罐时，失手将罐堕地。丈夫大怒，取木棍

加以痛殴，友人但隐泣吞声，引毡蒙头，不敢发言。丈夫发怒完毕，始为丈母劝去。丈夫去后，其母始往安慰其女，并嘱次女前来陪伴其姊，以减少其受殴之苦痛。

友人无端代人受过，正闭目隐痛难言，闻巴黑亚之妹婉言相慰，睁眼偷觑，见其妹乃一天人，不觉心动，顿忘己身适才所受一切痛苦，乃以手微掩其口，附耳低语曰：

“姑娘毋惧，余非汝姊，乃一男子，乃汝姊情夫之至友，为吾友故，为汝姊故，乃如此如此来代人受过也。汝如声张，则一切皆泄露矣。”

姑娘初尚恐怖，继思有男子如此侠义心肠，代人受过，亦可钦佩，遂转嗔为喜，纵体入怀。友人遂饱享其应享之酬报。

夸口受训

下面的故事，亦出自天方秘籍《香园》中，与巴黑亚故事相类，同是表示女子诡计之多，为男子所经验不尽者也。

有一善男子，自负甚高，对于女子行为，饱有经验，自谓一切女子对于男子所施之诡计，彼皆洞悉，天下决无女子再有本领使彼受骗。

此语为一女子所闻，心殊不甘。女子为一有夫之妇，素以美丽多情著名，于某日特设盛宴，罗列名酒香水，使人往激男子，谓素慕盛名，愿乘丈夫外出之便利，邀彼一叙，藉偿衷曲。

此妇人既以美艳著名，男子以机会难得，获邀即欣然而往。

妇人接待男子殊属殷勤，自谓丈夫善妒，彼乃冒绝大危险而尝试者，因彼素慕某男子善于服侍女子，故甘冒危险而一尝人生极乐。酒酣肴残，妇人即邀男子同入罗帐。

孰知正在欲成好事之际，门外叩门声忽起。妇人谛听之下，谓系丈夫归来，惊惶万状。某男子亦素知其丈夫善妒著名，决不甘休，于是亦手足无措。在妇人授意之下，男子即避入一大木橱内，由妇人将橱门加锁。

丈夫归来，见桌上陈列酒肴，不禁惊诧，即问此为何意。妻谓恰与人小饮，不意夫君忽然归来，故收拾不及耳。丈夫大怒，谓其人何在，妻谓即在橱中，橱已加锁。丈夫即索匙，妻不得已与之，丈夫即持匙启门。时某男子在内，闻声已遍体战慄。

但当丈夫正插匙入孔，恰欲启门之一瞬间，妻忽发冷笑。丈夫停手问其何故发笑，妻曰：

“汝真笨伯！天下岂有妻子私约情人幽会，坦白直告其夫，并告以情人藏匿所在，而又以钥匙授彼之理？直告汝，前言戏汝耳，此一切酒肴皆特为汝归来而预备者耳。汝如不信，汝不妨启橱门一视可也!”

丈夫闻言，深信不疑，即留匙于锁孔，不复启橱，并慰其妻曰：

“汝言良是，天下决无如此笨妇人，余实不疑汝也。”

言次，丈夫即就桌上酒食，邀妻子共饮。二人饱醉之下，复同入罗帐，恣情嬉乐。一切举动，皆为某男子在橱内谛听无遗。

次晨，丈夫跨驴出门，妇人始启橱门命男子出。某男子一夜不眠，饱受虚惊，又被刺激，已面无人色矣。

妇人数之曰：

“汝自命深知女子一切诡计者，汝曾经验如汝昨晚所身受耳闻之诡计者否？休矣，从今后请毋再夸口!”

某男子垂头狼狈而去。

男子缠足

旧时女子流行缠足，但男子亦竟有缠足者。男子缠足之动机有三，即美观，迷信，或出于藉端玩弄女性是也。

由于爱美的动机，清末士大夫多用包脚布，使脚形尖瘦，以别于一般下层阶级，特不如女子缠足之甚，此可谓之为变相的缠足，至今西洋皮鞋仍有尖头式者，可谓中外皆有同一倾向，而且至今尚在继续流行中。

男子缠足的史料，从宋人笔记中已经可以找到，王明清《挥麈余录》载：“向宗厚履方，建炎末为枢密计议官。履方美髯，面若滑稽之状，裹华阳巾，缠足极弯，长如钩，同舍为之语曰，居新明皇时四人合而为一，状类黄幡绰，巾类叶法善。脚类杨贵妃，心肠类安禄山。”是宋人朝士已有缠足者，且可间接证明杨贵妃亦系缠足。

由于迷信而使男子缠足，则多系被动的，在幼少时由父母强迫代缠。此种动机，多因生男儿每不能育，遂信算命先生之言，自幼女扮男装，普通仅穿耳，甚者实行缠足。其后因环境关系遂至不能改正，一误再误，成为纯粹缠足的男子矣。

最恶劣的男子缠足动机，乃是属于第三型，即以供人狎弄或欲藉端迷惑女子是也。所谓相姑，娈童，旦脚，以及男扮女装之人妖，皆属于此类。

小说《镜花缘》中有林之洋，亦为缠足之男子。然林之洋仅为小说中人物。笔记中之真正人妖，则大有人在。明黄日昇《蓬窗记》中云：

> 成化庚子，京师有寡妇，善女红，少而艾，履袜不盈四寸，诸富贵家相荐引，以教室女刺绣，见男子，辄羞避，有问亦不答。夜必与从教者共寝，亦必手自扃户，严于自防，由是人益重之。庠生某，慕寡妇，必欲与私，乃以厥妻绐为妹，赂邻妪往延寡妇，妇至，生潜戒其妻，将寝则启户如厕。妻如厕，生遽入灭烛，妇大呼，生扼其

吭，强犯之，则男子也。厥明，系送于官，讯鞫之，姓桑，年方二十四，自幼即缚足小，为是图富贵家女，与之私者先后若干人，闻讯多有畏羞自经者。

类此“人妖”式之缠足男子，笔记中所载者尚不止上引之一则，然此皆以图谋奸淫大家妇女为目的，而不惜自身实行苦肉计。与此特反，则为男子自幼被人强迫缠足，藉以供人狎弄，是为被动的，如北京之相公，旧时扮女角之优伶等类是也。

关于此类缠足之娈童优伶，《清关声色志》中颇多叙述。太平天国虽禁止女子缠足，然据记载，天王，与东王等皆有男色癖，而此类娈童，每皆莲步姗姗，实行缠足者，是亦怪现像也。

珠江风月

袁子才的《随园诗话》，是尽人皆知的风雅名作，而且袁氏女弟子众多，颇令后人羡慕。可是这样的风雅诗人，对于久擅盛誉的珠娘，却没有好感。袁氏在《随园诗话》中说：

> 久闻广东珠娘之丽，余至广州，诸戚友招饮花船，所见绝无佳者，故有青唇吹火拖鞋出，难近都如鬼手馨一之句。相传潮州绿篷船人物殊胜，犹未信也。

袁氏这样轻视广东珠娘的原因，据说是由于地域观念。袁氏见惯了娇小玲珑的江浙美人，故对于赤脚穿拖鞋的广东妓女认为不堪承教，但他的后人就不同了。《沪北竹枝词》作者袁

翔甫是袁子才的孙儿，他的竹枝词之中有一首是咏“粤妓”的，却说：

“轻绡帕首玉生香，共识侬家是五羊，联袂拖鞋何处去，肤圆两足白于霜。”

珠江风月，自清初已盛。广州青楼，明末尚设在南濠，至清初则迁至今沙面，妓女以板筑屋，与柔寮等，故名曰寮。所谓蛋家寮，即系蛋户在水边所筑之板屋。后来失火，又渐渐改趋于海珠一带。所谓“谷埠”，即昔日珠江风月之中心，其盛况正不亚于后日之陈塘也。

陈塘最盛时代，有大寨三十五，共有妓女二千余人，在清末曾遭大火一次，不久又即恢复。革命后，队炯民［疑“陈炯明”——编者注］氏曾一度禁娼，但自龙济光入粤后，陈塘风光，又复如昔。最近可供引用的广州花事数字，已是民国十五年的了。据当时广州市社会局调查，妓寨共有一三一间，其中有妓艇六十九只，妓女人数共有一千三百六十二名。

据《珠江花史》所载，广州娼妓所居地，通称为寨或寮。称作寨的由来，是因妓女多数是卖身的，“事头婆”防其私逃，雇有“看鸡佬”看守，复共同在妓院集中所在，设立木闸企栋，仅容一人出入，与山寨仿佛，故曰寨。上等者曰大寨，中等者曰细寨，又称二四寨，下等者则曰炮寨。

二四寨得名之由来，则因此等妓女皆日夜接客，前清价目，日间银二钱，夜间四钱，故通称为二四寨。妓女由二四寨再降一级，则至炮寨。更老，已无人过问，惟有佣于盲妹家，夜持白铁手铃，身背洋琴，手扶盲妹沿街度曲，过其繁华一梦之末路生涯矣。

广东妓女所通用之俗语，据《珠江花史》所载，嫖客所给之缠头曰“白水”。拒绝客人所请曰“打泻米”，又叫“托米”。因此而使客人发生争吵者则曰“炒米仔茶”。妓女从良曰“脱壳”，又曰“上街”，谓其离开水面生活也，故又名“吃井水”。至于嫁人复出，则曰“番阉”。妓女姘看鸡佬者，俗称“开豆粉水”，未知何解。

乱世杀戮之惨

明末流寇杀戮之惨，在中国历史上为仅见，而其中尤以张献忠在四川之屠杀为最甚。献忠入蜀三次，分道屠戮，流血成渠。吾人试读明末记载流寇祸蜀之野史，虽相隔数百年，犹使人触目惊心，其惨状正与今日香港在敌机盲目轰炸下所遭遇者相仿佛，乃知乱世民生，遭祸之惨，古今正如一辄。《蜀碧》四卷，清彭遵泗著，搜罗张献忠杀人之事最详，兹摘录若干则，以与眼前之惨状相印证，诚如原书自序所言，“是日也，惨然操觚，悲风四起，余益不知心之所极，泪簌簌而屡下也”。

贼每屠一方，备记所杀人数，贮竹围中，人头几大堆，人手掌几大堆，人耳鼻几大堆。所过处皆有记。

贼遇病弱者，多割鼻砍手。砍手之令，男左女右，若误伸者，两手俱砍。至小儿幼女，弃道旁，衬马蹄，或掷之空中，以刃迎之。

贼分道搜杀四路遗民，忿然曰，川人尚未尽耶，自我得之，自我灭之，不留毫末贻他人也。于是令伪帅孙可望等四将军，分道出屠，穷乡僻壤，深崖峻谷，无不搜及。得男手足二百双者授总把，女倍之。可望等或日杀四五县不等，童稚手足不计，止计壮男女手足。有一卒日杀数百人，立擢至都督。

杀人之名，割手足谓之匏奴，分夹脊谓之边地，枪其背于空中，谓之雪鳅，以火城围炙小儿，谓之贯戏。抽善走者之筋，斩妇人之足，碎人肝以饲马，张人皮以悬市。

又剥皮者，从头至尻，一缕裂之，张于前如鸟展翅，率逾日始绝。有即毙者，行刑之人坐死。

贼诡称试士，于贡院前左右，设长绳离地四尺，按名序立，凡身过绳者，悉驱至西门外青羊宫杀之，前后近万人，笔砚委积如山。惟二十年幼，不及绳，留作书记。

献贼复检各卫军及各营新兵，年十五岁以上者杀之。各路会计，所杀卫军七十五万有奇，兵二十二万六千有奇，家口三

十有三万。成都北威凤山起，至南门桐子园，绵亘七十余里，尸积若乔岳然。复收近城未尽之民，填之江中。

贼嗜杀出天性，偶夜静无事，忽云此时无可杀者，遂令杀其妻及爱妾数十人，惟一子，亦杀之。令素严，无敢争者。晨兴，召诸妻妾，左右以告，则又怒其不言，举左右奴隶数百人悉杀之。

贼斩妇女小足，叠累成峰，与爱妾酣饮其下，忽仰视云，更得一足合尖方好，妾举足戏曰，此何如，贼云使得，立命斩之。

叶灵凤的一本另类书话（代跋）

张 伟

叶灵凤先生不仅藏书多，读书也杂，在老一辈文人中是出了名的藏书家、爱书家，他的诸多作品中也以书话类文字最受读者欢迎。姜德明先生就曾经说过："我有一个偏见，尽管叶灵凤先生的创造主要是小说，我却觉得他一生在文学事业上的贡献还是在于随笔小品方面。"（《叶灵凤的散文》）20 世纪 80 年代中，丝韦先生为叶灵凤选编了厚厚三大册的《读书随笔》，发行后令读书人喜不胜收，大呼过瘾。以后陆续出版的还有陈子善先生辑录的《叶灵凤随笔合集》、小思女士编的《叶灵凤书话》等等。这些集子可说基本囊括了叶灵凤的此类文字，但"漏网之鱼"不能说"一条"也没有，其中之一就是他的"书淫艳异录”。叶灵凤读书向以多、杂而著称，这里的“淫”也就是“爱书过溺”之意。读书一多且杂，难免会有些一般人难以触及的“奇文异编”过眼，叶灵凤随手摘录整理，以明白晓畅的文字叙述，于是就诞生了他的这本另类书话。

“书淫艳异录”最初发表于20世纪30年代中期上海出版的一份小报——《辛报》上，署名“白门秋生”。叶灵凤是南京人，“白门”即南京之别称；至于“秋生”，本就是他笔名之一，因此这个署名明眼人是不难猜测的。20世纪90年代我曾就此向施蛰存先生求证，他也明确表示：“白门秋生”就是叶灵凤。“书淫艳异录”刊发在《辛报》上和姚苏凤有着密切关系。叶灵凤很早就和姚苏凤相识，因文学趣味相投，彼此关系很好。1935年9月，姚苏凤主编的《小晨报》创刊，叶灵凤即投以长篇小说《永久的女性》予以支持；1936年2月，文艺杂志《六艺》创刊，叶灵凤和姚苏凤同为该刊编辑之一。《小晨报》只存在了几个月，1936年1月即宣告停刊，不久，姚苏凤又推出了他主编的另一份新报，这就是1936年6月1日创刊的《辛报》。该报具有浓郁的海派风格，内容庞杂，天上地下，无所不包，以知识性见长，如“鸟兽虫鱼志”、“天文趣味讲话”等等；他还邀来很多朋友撰稿，如邵洵美的长篇回忆录“儒林新史”就在该报上连载。叶灵凤这个老朋友当然是姚苏凤的重要约稿对象，而叶灵凤也不负重望，拿出了一部奇异的书话著作“书淫艳异录”，所述古今中外之书达数百种，既新奇又猎艳还具有广博的知识，非叶灵凤这样无所不读的爱书者不能胜任。“书淫艳异录”从《辛报》一创刊，即1936年6月1日开始连载，至10月20日止，共刊出104篇，约十余万字。这些文章从篇名看似乎都较敏感，如《谈猥亵文学》、《守宫砂与贞操带》、《刺花与色情》、《性的拜物狂》、《关于秘戏》等等，但内容却很干净，只以知识的介绍为主。叶灵凤自己也很注意这个问题，特地在《小引》中郑重声明：“所记虽多艳异猥琐之事，必出以干净笔墨，以科学理论参证之，虽不想卫道，却也不敢诲淫，至于见仁见智，那要看读者诸君自己的慧眼了。”应该说，作者是尽可能这样去做的，不去刻意渲染，重在知识传输，书中一些人名、物名和专业名称都附有外文原名，以供读者参考。但即便如此，叶灵凤的这部《书淫艳异录》还是受到了一些人的攻击，甚至以传播淫秽的罪名将报社投诉到租界当局。巡捕房为此特发出传票，将《辛报》方面传唤到庭。姚苏凤甘愿接受10元的罚款，结果文章则照登无误。

据说抗战期间，叶灵凤在香港为稻粱谋，也应约写过一些此类文字，但在内地却一直未查到线索。2001 年夏，笔者代表上海图书馆赴港办展，顺便偷闲到香港中央图书馆看书，蒙李光雄高级馆长和潘伟承馆长大力相助，慷慨地将他们善本库中珍藏的民国期刊提供给笔者阅览，并允许复印。我惊喜地发现，在 1943 年 4 月创刊的香港《大众周报》上，叶灵凤确实又发表过几十则“书淫艳异录”，内容风格均同于上海《辛报》，这也算解开了笔者多年萦绕心头的一个疑团。香港中央图书馆所藏《大众周报》虽不全，但也总算十之有八九，故我所看到的港版“书淫艳异录”应该算是大致齐全的。

说起疑团，笔者想起了香港名作家黄俊东先生也有一个和叶灵凤有关的疑团。黄先生在他的著作《猎书小记》中有一篇《性知性识》，专门介绍民国著名藏书家周越然先生的此类书话，他在文中提到：“1940 年上海风行出版社所印行的一部《书艳猎奇录》，著者署名‘敬渠后人’，我疑心该书也为周氏所著之书也。”这里，黄先生的疑问实有误，笔者正好也看过这本《书艳猎奇录》，全书共收文 40 余篇，实即辑录自叶灵凤 4 年前发表的“书淫艳异录”，并故弄玄虚地署名“敬渠后人”，还编造了一篇《小引》，内谓“祖敬渠公撰著《野叟曝言》，天下争以先睹为快”云云，以夏敬渠后代自居。我怀疑这是上海沦为“孤岛”期间出版的一本盗版书，因此书封面上除《书艳猎奇录》这个书名外，还有另一个并列的书名：《凝脂撩香录》。我想这不可能是叶灵凤所为，一定是不法书商只为赚钱的无聊之举。

叶灵凤的这本《书淫艳异录》，福建教育出版社的林冠珍女士好几年前就有意推出，因种种原因延至今日始得以出版，算是将湮没已久的这本堪称奇特的叶氏书话比较完整地呈现给读者，这是我们感到欣慰的。如前所述，本书文章实由两部分组成，即上海《辛报》上的104篇和香港《大众周报》上的54篇，基本按发表时间排序（一些文章因内容有延续性而略有调整）；个别篇章的文题或内容略有重叠，然时隔数年，作者收集的材料及文章的构思都有所不同，为保留原始面目，本书不作删减。由于年代久远，原报发黄，漫漶之处甚多，极个别字难以辨认，甚至有缺损的地方，本书处理时，以□代替。原报由于排版造成的明显错字，中文错字不改动，正字放在[ ]内供读者参考；英文字母印刷错误的，不一一标明，直接作了修正。文中提到的书名，根据具体语境，添加了书名号；部分标点符号，则根据现在的规范作了修改。文稿中明显的引文，用仿宋体及缩进两格的形式区别于正文。本书能和读者见面，首先要感谢林冠珍女士，没有她的认真和执着，至少现在不会有这本书的出版；还应感谢本书责编苏碧铨小姐，她在出版技术和规范方面做了大量工作，使读者阅读本书时能够赏心悦目。同时，感谢藏书票的提供者臧伟强先生和董明先生。最后要感谢子善兄忻然允作序文，给读者提供了很好的向导。蓦然回首，在徐家汇藏书楼和子善兄相识结交已逾30年矣，时光如梦，友谊如昔，在这个浮躁的社会我们足感欣慰。

除了《书淫艳异录》，叶灵凤还写过《秋灯琐谈》、《禁书史话》、《炎黄艳乘》、《欢喜佛庵随笔》等文字。他曾自白："我一向对禁书很感到兴趣，无论是藉口风化问题的黄色禁书，或是藉口政治问题的红色禁书，都使我感到兴趣。我想同辈之中，搜集禁书资料，像我这样勤恳的人，大约是没有几个的。"（《禁书史话》）他又说："我觉得看书就是看书，为了要看这一本书，为了喜欢这一本书，就不妨揭开来看，这里面是不该有什么功利观念的。这与为了学问和知识，为了参考什么才去看一本书，是大大的不同的。能领会这一种的看书乐趣，我觉得在海阔天空的书的世界中，才可以任我们飞翔。"（《我的看书趣味》）我想，他已经把自己读书的理念叙述得很清楚了。关于叶灵凤的这类书话，向来见仁见智，有不同的看法。杜渐先生在《书痴书话》中有一段话涉及此，笔者觉得颇有意思，谨录在此作为本文结束：“照我所知，叶灵凤生前所写的有关书的文章，还有不少尚未收入这三大册的《读书随笔》中，例如他研究世界性风俗和性文学，就写了不少十分有趣的文章，也是很有价值的。大概把这些文章收进《读书随笔》会有点儿‘不雅’吧。我倒是没有这种洁癖，我觉得叶灵凤那些文字是写得乐而不淫，很有意思，能增加我们的知识，也能使读者倍增乐趣的。希望将来有心人能把他这类随笔也收集出版就好了。”（《叶灵凤的〈读书随笔〉》）